VAN GOGH

VINCENT

Il a été tiré de ce livre :

Cent exemplaires sur papier du Japon, numérotés de Un à Cent ;
Cent sur papier d'Arches numérotés de Cent un à Deux cents ;

PORTRAIT DE VAN GOGH PAR LUI-MEME

COLLECTION BERNHEIM-JEUNE.   PHOTO DRUET.

VAN GOGH

VINCENT

PAR THÉODORE DURET

PARIS
MM. BERNHEIM-JEUNE, Editeurs
MDCCCCXVI

LA JEUNESSE AUX PAYS-BAS

Vincent Van Gogh naquit le 30 mars 1853 à Groot Zundert, dans le Brabant, royaume des Pays-Bas. Il devait être l'aîné d'une famille de six enfants. Son père, pasteur protestant, après avoir été d'abord envoyé dans la Drenthe devait exercer définitivement son ministère à Nuenen, dans le Brabant. Sa mère descendait d'une famille qui comptait de nombreux pasteurs, dont l'un, devenu évêque d'Utrecht, s'était fait un nom, comme homme supérieur.

Sa sœur, madame du Quesne-Van Gogh, dans ses souvenirs, le représente à dix-sept ans, en vacances chez ses parents, solitaire, se tenant à l'écart de ses frères et sœurs plus jeunes, déjà pris d'activité intellectuelle. L'histoire natu-

relle lui inspire sa première passion. Il botanise, il recherche les oiseaux et les insectes,
qu'il collectionne et qu'il étudie. A cette époque
il n'a aucune idée des choses de l'art et ne
pense point à dessiner [1].

Son temps de pension terminé, ses parents
le destinaient à la carrière commerciale. Ils
avaient accès à la succursale que la maison
Goupil de Paris avait établie à La Haye pour
la vente des tableaux et des objets d'art, et ils
l'y firent entrer comme commis. Après un
certain temps passé à La Haye puis à Bruxelles,
dans les succursales de la maison Goupil, il
est envoyé à la maison mère à Paris. Mais son
inaptitude pour l'emploi de vendeur, qui lui
a été confié, se révéla bientôt. Il se montrait
replié sur lui-même, sans prévenance pour les
clients, auxquels il prétendait imposer son goût
dans les achats, à l'encontre du leur. Sa sauvagerie, son manque de condescendance déjà
difficiles à supporter à La Haye et à Bruxelles
le devenaient tout à fait à Paris, où les clients
de la maison, gens du monde, se trouvaient
particulièrement froissés des manières rustres

---

(1) E. H. du Quesne-Van Gogh. *Persönliche Errinerungen*, page 15.

d'un Hollandais. Ses patrons se crurent donc obligés de l'éloigner de Paris et, pour lui réserver une dernière chance, ils le transférèrent à leur succursale de Londres, pensant que ses manières d'homme du nord, y seraient plus supportables. Mais il ne réussit pas mieux à se faire accepter par la clientèle de Londres que par celle de Paris, aussi lui signifia-t-on son renvoi définitif.

C'est pendant son passage dans la maison Goupil, que Van Gogh a dû prendre un premier contact avec les choses d'art, que son œil a dû s'ouvrir sur la peinture, qu'il commence sans doute à former son goût et à développer son jugement. Cependant il ne pense encore nullement à produire, car il n'existe de cette période de sa vie aucune œuvre d'art, peinte ou dessinée.

Renvoyé de la succursale Goupil, Van Gogh se cherche un nouvel emploi, à Londres. Il trouve à se placer, comme aide principal et comme devant particulièrement enseigner le français chez un pasteur protestant, qui tenait une pension à Ramsgate, qu'il transfère bientôt à Isleworth. Ce maître de pension appartenait à ce bas clergé de l'église d'Angleterre, très mal payé. Chargé de famille, il avait grande peine à subvenir aux besoins des siens et aux frais de son établissement. Ses élèves, au nombre d'une vingtaine, sortaient de la classe des petits bourgeois et des boutiquiers de Londres peu fortunés, qui ne mettaient leurs enfants chez lui que par manque de ressources pour les mettre ailleurs. Van Gogh, tiré de sa tâche d'enseigner le français, se vit bientôt chargé de relancer à Londres les parents négligeant de payer la pension de leurs enfants. Son manque d'aptitude pour tout ce qui concernait les exigeances de la vie pratique se révéla ici, comme il s'était déjà révélé pendant son passage chez les Goupil. Au lieu de menacer les débiteurs qu'il allait visiter, il s'apitoyait sur leur sort, se refusant à les presser. Le pasteur, déçu, le congédia et il revint chez ses parents dans le dénuement [1].

Il trouve un emploi chez un libraire, à Dordrecht. Il a été dès sa première jeunesse pénétré de la foi religieuse. Il est revenu de Londres préoccupé de questions théologiques.

---

(1) E. H. du Quesne-Van Gogh : *Persönliche Erinerungen*, page 24.

Il voudrait qu'on appliquât l'évangile, qu'on trouvât le moyen de faire régner ses principes. Il entre en rapports, chez le libraire, sous l'empire de ces idées, avec un pasteur, homme distingué, qui, dans les conversations qu'il a avec lui, lui trouve des dispositions naturelles si brillantes et un tel acquis, qu'il lui conseille de se livrer à ces études classiques qui lui permettraient de se faire graduer en théologie pour devenir lui-même pasteur. Il est alors pris par un oncle à Amsterdam, qui le gardera chez lui, le temps de ses études. Il avance rapidement dans la connaissance du grec et du latin, mais l'excès de travail, la tension intellectuelle amènent une première crise de dérangement cérébral. Sa sœur Mme du Quesne raconte qu'il n'est plus maître de son écriture, que les lettres qu'il trace sur le papier perdent leur caractère et ne forment plus que des lignes de points indistincts. Il a de singulières absences. A l'église, il met une fois sa montre, une autre fois ses gants, dans la bourse du quêteur [1].

Il est en proie à une véritable crise de mysticisme. Il fréquente assiduement les églises

---

(1) E H. du Quesne-Van Gogh : *Persönliche Errinerungen,* page 31.

et même la synagogue. Dans cet état d'esprit, après avoir poursuivi les études classiques pendant une année à Amsterdam, de mai 1877 à mai 1878, il les abandonne. Il renonce à recevoir les grades réguliers en théologie. Il sera pasteur à sa manière et dit à ses parents qu'il se sent appelé à prêcher l'évangile.

Il avait entendu parler, pendant son séjour en Angleterre, de missions parmi les mineurs, gens qui travaillent en danger, dans les ténèbres, et sont dignes de commisération. Sous le coup de ces souvenirs, il se rend en Belgique. Il entre à Bruxelles se préparer chez les missionnaires protestants et, après quelques mois, est envoyé par eux dans le pays minier, le Borinage, au village de Wasmes, près de Mons. Il se loge chez un boulanger, nommé Denis[1]. La maison avait, attenant à la boulangerie, une pièce qui servait de salle de danse et qui, pouvant servir à des réunions, lui servit à recevoir le petit nombre de gens qui veulent bien venir écouter sa prédication. Il connait à fond le français et est ainsi à même de catéchiser ses auditeurs.

Dans l'hiver qui suit son arrivée, une épi-

---

[1] Louis Piérard : *Van Gogh au Pays noir*. "Mercure de France", 1er Juillet 1913.

démie de typhus éclate parmi les mineurs. Il
se dépouille de tout ce qu'il possède, vête-
ments et argent, en faveur des malades. Il se
prodigue à leur chevet. Dans son excès d'hu-
milité chrétienne, il quitte la maison du boulanger, pour se réfugier dans une hutte abandonnée, où il couche sur un sac de paille.
Son père, averti de sa situation par son hôtesse
Mme Denis, venu auprès de lui, le trouve exces-
sivement maigre et affaibli. Il le décide à abandonner le pays minier et le ramène à la maison.

Enfin l'artiste s'est dégagé. C'est pendant
son séjour dans le Borinage que Van Gogh
commence à dessiner sérieusement. Il rapporte,
en rentrant sous le toit paternel, des dessins
faits d'après nature, des mineurs au travail, des
femmes occupées sur les *terrils*, qui sont les
grands amas de scories, à ramasser du charbon
ou auprès à porter des sacs.

On aime généralement à connaître, chez
les hommes entrés dans une carrière qu'ils ont
parcourue avec succès, quels ont été les mo-
biles de leur conduite et à quels sentiments
ils ont obéi. Mais il est évident que dans le
cas d'un homme comme Van Gogh, que nous

venons de voir se livrer aux poursuites les plus diverses et passer de l'une à l'autre par à-coups, on ne saurait trouver de fil à la conduite. C'est un solitaire, dont le cerveau est en activité constante et qu'une surexcitation interne mène à prendre des résolutions imprévues. On ne peut donc que constater à quel moment il se tourne vers l'art, sans chercher à découvrir les raisons immédiates de sa décision. Ce qui est certain, c'est qu'il y a dans son cas l'appel, qui finit par devenir tout puissant, d'une vocation bien caractérisée.

Nous sommes maintenant en 1881. Van Gogh a vingt-huit ans. Revenu du Borinage, d'où il a rapporté ses premiers dessins, il est rentré à la maison paternelle et il se consacre tout entier à son art. Cependant comme le travail auquel il se livrait lui coûtait le prix de ses toiles, de ses couleurs et demandait certains autres frais, il devait recourir tout le temps à l'aide de ses parents. Ils n'appréciaient nullement son art, sous la forme qu'il prenait, dont il ne se préoccupait lui-même, en aucune façon, de tirer profit. Ils le voyaient donc à leur charge, avec la probabilité d'y rester indéfini-

DANS LE BORINAGE

MUSÉE DE DORDRECHT.

ment, alors qu'ils avaient par ailleurs à pourvoir aux besoins de leurs plus jeunes enfants. Les rapports se tendent dans ces conditions. Il doit subir des reproches sur la direction qu'il donne à sa vie [1].

Il quitte alors brusquement la maison paternelle et se rend à La Haye auprès du peintre Mauve, dont la femme se trouvait être sa cousine. Mauve le recueille et lui ouvre son atelier pour travailler. Les bonnes relations entre eux ne durèrent pas. Mauve, en sa qualité d'artiste accompli, prétendait plus ou moins prendre vis-à-vis de Van Gogh l'autorité d'un maître sur un débutant. Van Gogh, quelque admiration qu'il ait ressentie pour de nombreux maîtres de la peinture moderne, d'abord en Hollande, puis en France, avait un tel besoin de développer en art sa personnalité, que l'ascendant que Mauve voulait exercer lui devint, après un certain temps, insupportable. Si on y ajoute la propension qui le portait à se tenir dans l'isolement, replié sur lui-même, on comprend que le travail en commun, avec n'importe quel artiste, ne pouvait durer longtemps. Un

(1) Mme Van Gogh-Bonger : *Briefe an seinen Bruder*. Einleitung, page 15.

jour que Mauve avait disposé une figure en plâtre dans l'atelier, recommandant à Van Gogh de la dessiner correctement, celui-ci en révolte la renversa, au risque de la briser, et s'enfuit de l'atelier. Mauve était d'un caractère susceptible, cet incident mit fin à leurs rapports[1].

Le père, quelle que fût l'amertume qu'il ressentit des singularités et des mésaventures de son fils, finissait toujours par l'aider. Van Gogh, sorti de chez Mauve, en reçut donc les moyens de poursuivre l'étude de son art. Une femme abandonnée, mère de cinq enfants, traînait une existence misérable, en posant pour les peintres dans les ateliers. Van Gogh l'eut comme modèle. Il a fait d'après elle un dessin, reproduit ensuite en lithographie[2], auquel il a donné le titre anglais de *Sorrow* (Chagrin), complété par cette remarque de Michelet : « Comment se fait-il qu'il y ait sur la terre une femme seule, désespérée? » Il fut pris de compassion pour elle et la recueillit avec ses enfants. Le secours venu de son père, qui lui permettait tout juste de vivre et de parer aux frais

(1) E. H. du Quesne-Van Gogh. *Persönliche Errinerungen,* page 43.

(2) Julius Meier-Graefe : *Van Gogh,* page 17.

qu'exigeait la poursuite de son art, se trouva
insuffisant pour l'entretien de sept personnes.
Il s'endette et tombe de nouveau dans le dénuement. Son père l'apprend et, comme il l'avait
déjà fait dans le Borinage, vient le chercher et
le ramène encore une fois sous son toit, à
Nuenen.

Van Gogh revenu dans sa famille, où il
reste les deux années 1884 et 1885, s'applique
au travail, d'une manière qu'on peut dire
acharnée. Il dessine et peint les sites des alentours. Le lieu, peuplé en partie de tisserands,
lui fournit cette sorte de modèles de caractère
tranché, pris parmi les gens du peuple, qu'il
affectionne. De fin novembre 1885 à fin février
1886, il suit à Anvers les cours de l'Académie
des beaux-arts, qui à cette époque jouissait
d'une grande réputation. Subitement son père
meurt d'une maladie de cœur. La mort de son
père, en le privant de l'aide qui lui avait
jusqu'alors permis de se livrer à son art, devait
changer le cours de sa vie. Il va quitter les
Pays-Bas pour se fixer en France.

Nous sommes maintenant en 1886, Van
Gogh a trente-trois ans. Le travail assidu auquel

il s'est livré replié sur lui-même, la part d'enseignement qu'il a reçue dans l'atelier de Mauve et à l'Académie d'Anvers, ont fait de lui un artiste maitre de ses moyens. Il a donc pu réaliser une œuvre déjà importante, et il faut voir quel en est le caractère.

II

L'ART DE VAN GOGH
EN HOLLANDE

La Hollande a produit au XVII⁷ siècle une école de peinture profondément nationale, qui a donné une image fidèle des hommes, des animaux, des campagnes avec leurs prairies, leurs canaux, des fleuves et de la mer avec les grands ciels nuageux qui les surplombent. Cette école a trouvé pour s'exprimer des formes et des procédés qui ont pu être appliqués en commun, par tous ceux qui lui ont appartenu, et qui cependant étaient assez flexibles pour permettre à chacun en particulier de dégager son originalité et de montrer des traits personnels. Le génie a pu alors s'élever aux plus hauts sommets avec Rembrandt et Frans Hals, le talent a pu se manifester en de nom-

breux maîtres et même la médiocrité, au bas
de l'échelle, a pu rester intéressante par son
souci de vérité.

Les traits dominants de l'art hollandais, à
l'époque de sa grandeur, venant du caractère
national lui-même, se sont retrouvés dans les
manifestations d'art qui ont pu survenir depuis.
En effet, on a vu apparaître en Hollande au
xix⁰ siécle un groupe de peintres formant ce
qu'à la rigueur on peut appeler une école.
Ils n'ont montré ni la puissance ni l'originalité
de leurs ancétres du xvii⁰ siècle, les temps et les
circonstances ne le permettaient pas, mais ils
ont cependant laissé voir, en commun avec eux,
de ces traits qui, venant du caractère national,
persistaient à se manifester. Van Gogh à
trouvé ce groupe de peintres en pleine floraison
au moment où il s'est ouvert sa voie. Avec
son activité d'esprit, sa soif de recherches, il
a tout de suite pris comme objet de son obser-
vation et les maîtres du xvii⁰ siècle et les peintres ses contemporains.

Il a particulièrement étudié l'œuvre de
Rembrandt et celle de Frans Hals. Personne
n'a mieux que lui parlé de Rembrandt. La façon

dont il se reprend à l'expliquer, dans sa correspondance, montre de sa part une attention soutenue. Il a voulu le pénétrer en homme du métier. Il subsiste une copie qu'il a faite d'un ange, pris à un tableau de lui. Il a aussi regardé de près les peintres de ses entours, en particulier Israëls, et a travaillé dans l'atelier de Mauve.

Il ne pouvait manquer, au contact des maîtres qui lui montraient la voie, de donner, à leur exemple, une œuvre de caractère vraiment national. On peut dire de son œuvre première, qu'elle sent le terroir, qu'elle est essentiellement hollandaise. Il a donc, au début de sa carrière, de commun avec les peintres de son pays, son caractère national. Mais ce caractère, qui leur donne à tous un air de famille, surtout par rapport aux peintres des autres nations, n'ayant pas empêché la manifestation chez les prédécesseurs de Van Gogh de sentiments personnels et de formes individuelles, ne devait non plus le faire pour lui. Selon la pratique des artistes de sa nation, il s'est avant tout appliqué à rendre avec sincérité, les hommes et les choses existant autour de lui. Mais

comme ce qu'il cherchait à voir et à rendre
était cette partie du monde visible vers laquelle
ses sentiments personnels le portaient de préférence, il a pu produire une œuvre à part,
distincte de celle des autres.

Il a commencé à éprouver le besoin de
donner existence par l'art à ce qu'il voyait, dans
le Borinage, dans ce qu'on appelle le pays noir.
Il est alors au milieu des mineurs, de gens qui
peinent et même qui souffrent, attaqués par
une épidémie. En conséquence, ses premières
œuvres présentent des travailleurs, reproduits
avec leur aspect de fatigue et de misère. Il
n'est jamais sorti en Hollande du milieu popu-
laire où il s'était d'abord placé dans le Borinage.
Ce sont uniquement des gens du peuple qu'il
s'est plu à représenter. Le pittoresque qu'ils
lui ont offert lui a suffi. On ne découvre dans
son œuvre aucun personnage appartenant aux
classes supérieures. Tout au plus lève-t-il les
yeux sur les petits bourgeois. Mais alors il
peint les gens du peuple avec une réelle saveur.
Il les serre de près. Il les rend avec les formes
de corps, les gestes, les mouvements que leur
font prendre leurs métiers et leurs travaux.

EN HOLLANDE.

S'il les peint avec leurs réelles formes de corps, il leur donne aussi une vie interne. Il les pénètre d'une gravité, d'un sérieux qui vont jusqu'à la mélancolie. C'est bien ainsi que se montrent au fond les hommes du nord, vivant sous des cieux froids et humides, loin de la joie que connaissent les pays chauffés par le soleil. Après avoir donné à ses personnages l'aspect physique et le caractère moral qui leur conviennent réellement, il les imprègne par surcroît d'une sorte de recueillement, qu'il tire de lui-même, qui vient du mysticisme dont il est alors pénétré.

Étant entré dans l'exercice de l'art, alors qu'il est sous la domination de sentiments religieux et d'amertume sur le sort des misérables, et s'étant longtemps plus ou moins maintenu dans le même état d'esprit, toute son œuvre produite en Hollande en garde l'indice. L'expression s'en trouve intense dans le tableau le plus important qu'il ait peint à cette époque: *les Mangeurs de pommes de terre*, des travailleurs attablés à un pauvre repas. Il a montré là, toute sa sympathie pour les humbles. Aussi dans ces dispositions, aux peintres hollandais du passé

et de son temps qu'il admire, a-t-il ajouté
un peintre français, Millet, pour lequel il pro-
fesse une estime toute particulière. C'est qu'il
découvre en lui une sorte d'émotion mystique, analogue à celle dont il est lui-même
pénétré.

Un artiste doit trouver, pour s'exprimer, des
procédés correspondant à sa vision et à ses
sensations. Son dessin et son coloris devront
être tels, qu'ils s'adaptent à rendre exactement
les sujets et les motifs qu'il préfère. Van Gogh,
se consacrant à représenter en Hollande des
gens du peuple, alors qu'il était dans un état
d'esprit assez sombre, adopte conséquemment
une palette d'où les couleurs diaprées, les tons
riants sont absents. Il se tient à une manière
qu'on peut appeler noire, il ne cherche nullement à séduire par l'éclat. L'innovation qui
se produit en France sous le nom d'Impressionnisme, qui tend à donner de plus en plus
de vivacité, de fraîcheur et de lumière au coloris,
lui échappe. S'il la connaîtra plus tard, il l'ignore
à cette époque complètement. Son œuvre n'en
laisse apparaître aucune trace.

Il a toujours conservé l'habitude de

s'adonner simultanément à la peinture et au dessin. Ses dessins, destinés à valoir par eux-mêmes et non pas faits pour servir d'études préliminaires à des tableaux, seront en tout temps nombreux. Or, la technique qu'il leur applique aura pour résultat de donner aux êtres représentés le même caractère qu'auront les êtres reproduits par le pinceau. Il se sert de préférence, comme moyen d'exécution, du crayon noir, et les dessins achevés sont très ombrés. Ils donnent bien, mis à côté des tableaux, une même sensation de mélancolie. L'ensemble de l'œuvre, produite par Van Gogh en Hollande, offre ainsi une image à la fois très personnelle et très réelle des gens du peuple et du milieu où ils se meuvent.

Van Gogh s'est essayé à la lithographie, surtout pendant qu'il se tient à La Haye. Il aurait même eu la velléité de tirer profit de productions de ce genre, pensant qu'il pourrait les faire éditer, particulièrement à Londres. Ce n'était là qu'un rêve. Quatre des lithographies produites ont pour sujets :

Sorrow, une femme nue repliée sur elle-même, d'après le dessin du même titre ;

Les Mangeurs de pommes de terre, d'après le tableau de ce nom;

Vieux Paysan, appuyé sur un bâton (Bibliothèque Doucet);

Vieillard assis, pleurant, la tête dans ses mains (Bibliothèque Doucet).

Van Gogh avait à cette époque comme ami intime un jeune peintre hollandais Van Rappart, qui devait à une certain moment venir le visiter et séjourner chez ses parents. Il lui écrit de La Haye pour lui dire qu'il s'essaye à la lithographie. Il lui fait en même temps l'envoi de trois sujets, lui demandant son opinion :

Un *Homme bêchant* (Bibliothèque Doucet);

Un *Homme mangeant son pain*, assis sur une corbeille de vannerie;

Une *Paysanne en pleine campagne*, sur une brouette, à côté d'un homme qui bêche.

C'est donc sept lithographies qu'il a produites, qui nous sont connues. Les exemplaires en sont extrêmement rares. Comme elles n'ont jamais été éditées, Van Gogh se sera contenté de les tirer à très petit nombre. Peut-être existe-t-il deux ou trois lithographies, qu'il aurait

pu exécuter en plus de celles dont nous faisons
ici mention.

Van Gogh s'est adonné de tout temps à
peindre les fleurs. Elles n'étaient pas seulement
pour lui des objets diaprés, lui permettant de
varier ses effets de palette : il les peignait par
amour, elles lui allaient au cœur. Elles suscitaient en lui de véritables émotions. Si on
pouvait ranger chronologiquement les tableaux
de fleurs qu'il a peints, ils suffiraient à marquer
les changements que son art à subis à travers
le temps et les circonstances. De même que les
fleurs, il a peint des natures mortes, et, en
Hollande, de l'ordre qu'on pourrait dire le plus
humble, des pommes de terre en particulier.

Nous pouvons maintenant nous représenter
Van Gogh, tel qu'il s'est montré et tel qu'il
restera jusqu'à la fin. C'est un homme d'une
nervosité extrême, d'une imagination ardente,
d'une activité intellectuelle constante. L'excès
de travail, la tension trop grande de l'intelligence amènent des accès de la folie qui existe
chez lui en germe, à l'état organique. On a dit
que le génie était le produit d'une névrose, et
lorsque la névrose se développe d'une façon

excessive, elle doit conduire à un état morbide.
Tel est le cas de Van Gogh.

Au moral, c'est un homme de sentiments
élevés, porté à se dévouer, de la manière la plus
désintéressée, pour une cause noble ou une
mission qui lui paraîtra généreuse. Mais en
même temps c'est un homme incapable de
s'adapter aux nécessités de la vie pratique, qui
n'a pu se maintenir dans aucune des carrières
où il s'est engagé. En réalité, c'est un solitaire,
finissant toujours par se replier sur lui-même.
Dans le domaine de l'art, où sa vocation l'a
conduit et où il se concentre en dernier lieu,
il se montre doué d'aptitudes exceptionnelles et,
en fin de carrière, il se sera élevé, par son
originalité, à la hauteur d'homme de génie.

Nous nous sommes surtout appliqués, en
voulant définir cette part de l'œuvre de Van
Gogh produite en Hollande, à dire qu'elle avait
avant tout un caractère national, qu'elle était
pénétrée de l'esprit et de la manière qui avaient
constitué de tout temps le fond de l'art hollandais. Ce jugement ne saurait, il nous semble,
être contesté. Mais il ne faudrait pas croire que
les contemporains l'aient porté. Van Gogh,

pendant qu'il se développe, aux Pays-Bas y est resté profondément ignoré. Il est demeuré à l'état de débutant, isolé ou enseveli au sein de sa famille. Ses œuvres n'ont pas été connues. A ceux qui, dans son entourage immédiat, pouvaient les voir, elles faisaient simplement l'effet, par leur originalité, de choses grossières, venues d'un homme méprisant les règles de son art.

C'est dire que Van Gogh n'a retiré aucun profit de son œuvre aux Pays-Bas. Comme il était sans ressources, il a dû alors de pouvoir vivre aux secours obtenus de son père. On ne peut s'empêcher de donner un souvenir d'intérêt à ce père qui, malgré les nombreux mécomptes venus de ce fils à sa charge, lui est resté fidèle et a pu ainsi assurer à la seconde moitié du xixe siècle un de ses artistes les plus originaux.

LA MAISON DE CAMPAGNE

III

A PARIS

Van Gogh, à la mort de son père, quitte les Pays-Bas et vient à Paris. Il y arrive en mars 1886. Il y résidera avec son frère Théodore, de trois à quatre ans plus jeune que lui. Ce frère avait été le seul de la famille à reconnaître son talent et à croire à son avenir. Il va maintenant l'aider. Il lui montrera un dévouement à toute épreuve. Il le secourra, comme le père l'avait fait auparavant.

Théodore Van Gogh avait été pris par la maison Goupil, pour tenir chez elle l'emploi que Vincent s'était montré incapable de remplir. Quoique les deux frères se ressemblassent au physique, ils différaient complètement au moral. Il semblait qu'ils se fussent partagés les qualités qui, réunies, eussent fait l'homme supérieur en tous points complet. Si Théodore manquait du génie de Vincent, il était doué de l'urbanité, de l'esprit pratique, de l'aptitude commerciale dont celui-ci s'était montré dépourvu. Il avait gagné la confiance de ses patrons, qui l'avaient tiré de la position de petit employé, pour lui confier la gérance d'une branche de leur maison, établie sur le boulevard Montmartre.

Doué d'initiative, il s'était alors efforcé de les amener à tenir en vente les œuvres des peintres impressionnistes. Mais, à l'époque, ces peintres, apparus comme des novateurs monstrueux, étaient encore mal vus et décriés, et les Goupil occupaient une si haute position dans le commerce des arts, qu'ils n'avaient pu consentir à les laisser pénétrer à leur siège principal, rue Chaptal. C'eût été se compromettre en mauvaise compagnie. Cependant, par une concession, pour ne pas se fermer une branche de la peinture qui, après tout, pouvait avoir un avenir commercial, ils avaient remis à Théodore Van Gogh, au boulevard Montmartre, le soin de s'en occuper, d'en faire des expositions et d'en tenir des exemplaires en vente. Ils s'étaient d'ailleurs gardés de lui laisser la bride sur le cou. Il admettrait seuls, ces représentants de la nouvelle peinture que le public avait relativement compris et qu'on pouvait dès lors accepter, tels que Claude Monet, Pissarro, Degas. Il fermerait l'accès aux autres, à ceux qui étaient encore réprouvés, d'une façon absolue.

Quoi qu'il en soit, Vincent Van Gogh venant à Paris vivre avec son frère Théodore, connaîtrait l'art impressionniste. Il trouverait en lui un homme à l'unisson de ses sentiments, lorsque bientôt il viendrait à s'engager lui-même, dans les voies nouvelles de la peinture claire et colorée. Cependant il n'est certes pas arrivé à Paris avec cette résolution déjà prise. Elle ne devait lui venir qu'après un certain temps, car il entre tout d'abord, comme eût pu le faire un simple élève, à l'atelier Cormon.

Il s'était déjà à La Haye, dans l'atelier de Mauve, puis à Anvers à l'Académie des Beaux-Arts, montré enclin à suivre un enseignement régulier. Il n'avait pu s'y astreindre que momentanément. Il renouvelle la tentative à Paris, sans devoir non plus la poursuivre très longtemps. Mais pendant qu'il se tient à l'atelier Cormon, il y travaille assidûment. On possède de ces dessins qu'il a exécutés devant le modèle vivant. Émile Bernard, qui fréquentait l'atelier à la même époque, l'a remarqué s'appliquant à dessiner un plâtre d'après l'antique. Les élèves riaient, dit-il, dans son dos, trouvant « qu'il ne daignait rien voir »[1]. Ce devait être en tout cas, un assez singulier spectacle que cet homme de trente-trois ans, au milieu des tout jeunes gens peuplant l'atelier. Ils dessinaient eux avec la correction que montrent en majorité les élèves, et cet Hollandais devait leur paraitre étrange, avec sa manière hors des règles, alors pleinement déve-loppée. Quelque fut son application à vouloir rendre le modèle, il ne pouvait manquer de le déformer ou plutôt de le reformer à sa manière. Le maitre, M. Cormon, s'était cru obligé, au début, de lui donner de ces conseils qu'il devait à tous ses élèves, mais voyant qu'il avait affaire à un homme déjà mûr, qui se montrait sûr de lui, il y avait vite renoncé.

Enfin par un de ces renversements venus du fond de sa nature, il a ouvert les yeux sur ce qu'il n'a pas connu en Hollande, qui le

_____

(1) Lettres de Vincent Van Gogh à Émile Bernard, page 65.

sollicite maintenant à Paris, et va s'emparer de lui pour le pénétrer tout entier, la couleur, la peinture claire, l'impressionnisme. Avec son activité d'esprit, l'attention qu'il avait une première fois donnée aux maîtres morts et vivants de sa nation, il va la donner en France aux artistes qui peuvent le mieux lui offrir ce qu'il cherche maintenant, des exemples pour arriver à la puissance du rendu par la couleur, dans la lumière. Aussi bien son étude va de Delacroix à Monticelli, il regarde les Impressionnistes Pissarro, Claude Monet, Cézanne, Guillaumin; il voit aussi les œuvres des « pointillistes » Seurat et Signac, tous ceux qui ont un coloris l'attirent jusqu'à Ziem. Il n'est du reste pas de ces hommes qui, parce qu'ils forment de nouvelles liaisons, répudient entièrement leurs vieilles préférences. Il garde son admiration pour Millet à laquelle il ajoute celle de Daumier. Il fera, avec un égal intérêt, des reproductions d'œuvres de Millet, de Daumier, de Delacroix, qui compteront parmi les choses importantes qu'on lui devra.

V Puisque c'est avant tout la couleur qui le prend, le Japon devait aussi l'attirer. En effet, l'assemblage de vives couleurs pratiqué par les artistes de ce pays le séduit. Il tapisse la chambre où il habite chez son frère, de crépons colorés japonais. Il en mettra comme fond à un portrait du père Tanguy, une des œuvres principales qu'il peindra à Paris. La vivacité des couleurs employées par les artistes japonais, le frappe tellement, qu'il admirera le Japon, comme en perspective, à travers. Il en rêvera. Il dira plus tard de la Provence, où il aura été chercher l'éclat de l'atmosphère, que c'est un pays « qui doit-être aussi beau que le Japon ».

Cependant comme le Japon est hors de portée et que son art est d'un esprit trop différent du nôtre pour que l'on puisse se l'assimiler, ce sont les Français auxquels il emprunte définitivement. C'est peut-être à la palette de Monticelli qu'il est plus particulièrement redevable. On en découvre un reflet dans certains de ses tableaux. Il n'avait pu connaître les œuvres de Monticelli en Hollande, où elles n'avaient certainement pas encore pénétré. Il y avait à Paris, rue de Provence, un marchand, Delarbeyrette, qui en détenait un nombre considérable, c'est chez lui que Van Gogh en a pris connaissance.

Il s'approprie la méthode, adoptée par les Impressionnistes, de peindre le paysage directement, en plein air, devant la nature. Il est entré en rapports personnels avec la plupart des peintres impressionnistes, mais il est deux peintres avec lesquels il se lie d'une amitié particulière, Gauguin et Émile Bernard. En Gauguin, son aîné de cinq ans, il cherchera comme un appui. Avec Émile Bernard, beaucoup plus jeune que lui, il entretiendra d'étroites relations. Il en fera son "copain", l'homme au sein duquel il s'épanchera.

Tous ceux qui sont familiers avec les questions de technique, savent quels efforts ont à faire ces artistes qui, engagés dans une voie, veulent en changer, et l'on peut s'imaginer la tâche que Van Gogh s'impose, en venant réaliser la transformation complète de son art. Lui qui, en Hollande, n'a connu que la peinture qu'on peut dire noire, mélancolique de caractère, passe en France à la peinture avant tout colorée, claire, éclatante, donnant la sensation de la vive lumière et du plein air. Le voilà donc, ayant abandonné l'atelier Cormon, qui s'applique à mettre de plus en plus d'éclat, de plus en plus de brio dans ses œuvres. Si on pouvait ranger chronologiquement celles qu'il exécute à Paris, on verrait les progrès que, par un travail incessant, il fait, on peut dire jour par jour, dans la nouvelle voie où il est entré.

Il débute par peindre en plein air, aux alentours de Paris, à Montmartre, le Moulin de la Galette, à Asnières, l'Ile de la Grande Jatte. Il peint en même temps un grand nombre de tableaux de fleurs. Comme il cherche surtout à éclaircir sa palette, les fleurs lui permettent d'y réussir. Elles lui présentent, assemblées en bouquets ou en gerbes, ces juxtapositions de tons tranchés qui l'exerceront à reproduire, en toutes circonstances, n'importe quelle coloration dans la lumière. Il peint en ce moment avec une sorte de fureur. Il n'a pas d'atelier et la chambre qui lui en tient lieu, dans l'appartement où il réside avec son frère, rue Lepic, ne lui offrant sans doute pas toutes les commodités dont il a besoin, s'il y travaille, il va cependant travailler ailleurs, un peu partout. Il s'est arrangé pour peindre au sous-sol de la

FEMME HOLLANDAISE

maison. Il a un ami de Antonio, qu'il s'est fait
dans l'atelier Cormon, qui habite sur la place
St-Pierre, à Montmartre. Il peint chez lui, où
il trouve de la clarté, d'une manière assidue.

Les tableaux peints sont en grand nombre
de dimensions réduites, ayant pour sujets des
fleurs, des paysages, des natures mortes. Dans
ce dernier ordre tout lui est bon. Il peint des
souliers. Il peint des harengs, accompagnés
d'accessoires variés. On connaît de ses petits
tableaux, où les ustensiles du fumeur, poches
à tabac, pipes, cigares, allumettes forment les
sujets. Puis encore un grand nombre où les
fruits, les légumes de toute sorte, jusqu'à des
choux-fleurs, fournissent les motifs. D'autres
auraient pu penser que ces objets vulgaires
étaient indignes d'être peints. Mais les objets
ne lui sont jamais apparus nobles ou vulgaires
en eux mêmes. Il ne leur demande, alors qu'il
s'étudie au coloris, que de lui offrir des couleurs variées.

Van Gogh ne se préoccupe nullement, à
cette heure, de tirer parti de ses œuvres. Il ne
pense même pas qu'il puisse se trouver des
gens pour les acheter. Il remet bien celles qu'il

considère comme les plus importantes à son frère Théodore, avec l'espoir que, dans l'avenir, il en tirera profit, mais les autres, de moindre importance, de petites ou médiocres dimensions, il en fait librement cadeau à qui veut les accepter, ou les laisse avec insouciance sur les lieux où elles ont été produites, ou encore en donne à un restaurant, sur l'Avenue de Clichy, *Au Tambourin*, tenu par une italienne, la Segatori, un ancien modèle, qui acceptait assez facilement, en paiement, les tableaux des peintres qui, comme Van Gogh, venaient manger chez elle.

Il a du, avec sa rapidité d'éxécution, produire plusieurs centaines de ces tableaux de petite ou moyenne dimension. Ils ont été en majorité signés, mais du seul prénom de Vincent. Depuis que l'œuvre est devenue célébre on en a vu sortir des coins les plus obscurs. Toutefois beaucoup sont sûrement perdus. Ils ont été tellement méprisés à l'époque par les détenteurs, qu'ils les ont gratté pour se servir des toiles ou les ont laissé périr à l'écart. Le nombre des tableaux qui ont ainsi disparu, à Paris, a peut-être atteint la centaine. Van Gogh s'est désintéressé de même, dans d'autres circonstances, des études ou des tableaux qu'il a pu peindre. Sa belle-sœur Mme Van Gogh-Bonger nous apprend qu'en quittant Anvers, après y avoir suivi les cours de l'Académie des beaux-arts, il abandonna, on ne sait à qui, d'assez nombreuses études, dont on n'a jamais retrouvé de traces. [1]

Van Gogh outre le souci auquel il obéit d'accentuer sa gamme de coloris, en connait un autre, qui sert à expliquer qu'il ait tant multiplié ces tableaux variés qu'il peint, par une sorte de gymnastique, en une seule séance, ou tout au plus au cours d'une journée. C'est le besoin qui s'est emparé de lui et qu'il lui faut satisfaire, d'arriver à une exécution rapide, hardie et, en même temps, précise et arrêtée. Il doit la première pensée de cette nouvelle recherche au Japon. Il n'a pu manquer en effet d'observer dans les arts du dessin japonais, avec quelle liberté et quelle justesse les touches sont mises et les contours tracés.

Les Japonais qu'ils écrivent, dessinent ou peignent n'ont qu'un instrument et qu'un pro-

---

(1) Mme Van Gogh-Bonger. *Vincent Van Gogh. Briefe an seinen Bruder*. Einleitung, page 35.

cédé. Ils se servent exclusivement du pinceau
promené à main levée. Or comme le pinceau
met sur le papier ou la soie des lignes et des
surfaces sur lesquelles il n'y a pas à revenir,
elles doivent être appliquées, du premier coup,
d'une manière réussie. La justesse et la perfec-
tion à obtenir de prime-saut sont ainsi devenues
les qualités essentielles de la technique japo-
naise. Quand on se prend d'intérêt pour l'art
japonais, si on est avant tout attiré par la vivacité du coloris, on ne peut manquer ensuite
d'admirer la hardiesse de facture qui mène au
succès. Aussi Van Gogh, épris des artistes du
Japon, va-t-il adopter à leur exemple une exécution rapide, par touches hardies, mises avec
justesse, du premier coup. Ces procédés lui
étaient, comme la peinture claire, restés étran-
gers, en Hollande, où s'il avait peint d'une
manière déjà large, il n'avait connu que cette
facture qu'on peut dire reposée, qui est un des
traits de l'art hollandais.

Dans cet état d'activité où il se tient à Paris,
Van Gogh ne s'est pas senti particulièrement
attiré vers la figure humaine. Il peint cependant,
à deux reprises, le père Tanguy. Ce sont là,

à peu près, les premiers portraits, au moins
de grande dimension, qu'on lui doive et ils
marquent comme un développement de son
art. Si Van Gogh a trouvé le père Tanguy assez
intéressant pour le retenir et le faire poser, on
ne s'étonnera pas que nous nous arrétions nous-
mêmes sur lui.

IV

LE PÈRE TANGUY

En 1870, au moment de la guerre, celui qui devait devenir le père Tanguy tenait une petite boutique rue Clausel, où il vendait des toiles, des couleurs et ces objets nécessaires aux peintres. Son établissement sans frais lui permettait de les offrir à prix doux. Il avait donc trouvé des clients parmi les artistes peu fortunés, des débutants, des méconnus et ceux-ci avaient commencé, à valoir sur le prix des fournitures qu'ils lui prenaient, à lui remettre en dépôt des tableaux, qu'il s'efforçait de vendre.

Il était entré, comme tout le monde, dans la garde nationale, pendant le siège de Paris. Après, la Commune était survenue, et alors qu'à partir de ce moment le plus grand nombre des gardes nationaux avait refusé le service, il s'y était au contraire absolument dévoué. Ses ardentes convictions républicaines le faisaient adhérer à la Commune. Il avait combattu contre les Versaillais pendant la bataille des rues et finalement avait été pris et envoyé à Satory, avec les autres prisonniers fédérés.

Le conseil de guerre l'attendait. Les présomptions étaient qu'il serait compris parmi les condamnés, et transporté à la Nouvelle Calédonie. Les artistes, ses clients, signèrent une pétition pour le recommander à la clémence. La recommandation des artistes n'était guère de nature à lui amener les juges, des officiers, lorsque Henri Rouart, le collectionneur, qui avait eu en cette qualité des relations suivies avec lui, pour des achats de tableaux, s'entremit en sa faveur. Rouart riche, grand industriel, d'opinions conservatrices, pouvait, indépendamment de ces avantages, influencer les officiers, comme ayant été lui-même au début officier d'artillerie. Il avait conservé d'intimes relations dans l'armée avec ses anciens camarades et c'est à son intervention auprès d'eux que Tanguy dut, on peut le croire, d'éviter la transportation et

HOMME MANGEANT SON PAIN

REPRODUCTION DE LA LITHOGRAPHIE

de rentrer dans sa boutique. Mais sa situation resta précaire et difficile ayant à supporter, comme « communard », la haine, la persécution soufflées par l'esprit de réaction, tout puissant pendant des années.

Il dut en grande partie à Pissarro de pouvoir se tirer du mauvais pas. Pissarro, sans s'occuper de politique, était ce qu'on appelait alors un homme « d'idées avancées ». Tanguy était son fournisseur et lorsqu'il le vit, pour avoir adhéré à la Commune, tombé dans une situation précaire, il voulut lui venir en aide. Il lui remit donc de ses tableaux à vendre, ce qui était un avantage, car déjà ils trouvaient des acheteurs. Il lui amena après cela Cézanne. Il est vrai qu'à cette époque les tableaux de Cézanne étaient méprisés et ce n'est qu'à de très bas prix que Tanguy parvint jamais à en vendre. Mais Cézanne, par le caractère à part de son art, avait au moins recruté un certain nombre d'admirateurs, qui vinrent chez Tanguy lorsqu'ils purent y voir de ses œuvres.

Cézanne jouissait d'une pension de son père, qui lui permettait de vivre. Il ne pouvait prétendre, dans ces premières années, à vendre lui-même de sa peinture dédaignée, il n'était d'ailleurs aucunement propre à s'occuper d'affaires et une fois en rapports avec Tanguy, il en fit son dépositaire et son factotum pour la vente de ses tableaux. Tanguy en avait donc toujours à montrer dans sa boutique.

Cézanne avait quitté en 1878-79 un appartement qu'il occupait près de la gare Montparnasse, enlevant les meubles et avait remis la clef à Tanguy, en lui confiant ses tableaux, qu'il laissait. Tanguy les avait rangés par piles, selon deux dimensions, avec un prix unique pour les œuvres de chaque dimension, au choix de l'acheteur, cent francs celles de la grande, quarante francs celles de la petite et il s'efforçait d'amener des visiteurs à l'appartement. S'aventurer au loin, vers la gare Montparnasse, à l'occasion de tableaux de Cézanne, ne pouvait convenir alors à beaucoup de gens, aussi les appels de Tanguy n'avaient-il guère de succès. Il vint me prendre chez moi, un jour, et nous nous rendîmes à l'appartement. Je vois encore les piles contre la muraille. Il y avait là le travail accumulé de plusieurs années, aux prix d'aujourd'hui les toiles feraient en vente une somme allant vers le million, mais à cent francs et à quarante francs on pouvait en prendre à volonté, sans se ruiner, et je fis mon choix dans les piles.

Tanguy devenu l'homme de Pissarro et de Cézanne vit lui venir ces jeunes artistes méconnus, qui ne pouvaient trouver nulle part accueil et pour lesquels c'était en somme une chose heureuse que d'être chez lui, à côté de peintres ayant déjà recueilli une certaine faveur. Sa boutique reçut donc leurs productions. Elle fut alors visitée par ces amateurs à la recherche d'œuvres à bas prix, communément dédaignées mais auxquelles ils se plaisent à découvrir du mérite et des chances d'avenir. A ces amateurs se joignaient les artistes eux-mêmes, désireux de voir les œuvres les uns des autres et enfin arrivait aussi ce monde imprécis de jeunes-gens, d'hommes de lettres ou prétendus tels, qui gravite sûrement autour des artistes quels qu'ils soient. La boutique de Tanguy, devenu avec l'âge le père Tanguy, fréquentée par un noyau d'hommes ayant des aspirations communes, s'éleva dès lors à l'état de centre artistique.

Van Gogh à Paris, aussitôt qu'il eut évolué

vers la peinture claire et colorée, vînt à la
boutique du père Tanguy, attiré par les avantages qu'elle lui offrait. C'était en effet le lieu
où il pouvait le mieux voir les œuvres de certains impressionnistes, des jeunes peintres de
la couleur et de la lumière, dont les hardiesses,
les recherches, les innovations devaient l'aider
lui-même, dans le changement qu'il entrepre-
nait et bientôt ce fut aussi le lieu où il put
déposer de ses propres œuvres, avec la chance
de rencontrer des personnes qui leur prétassent
attention.

Théodore Van Gogh se trouvait bien au
boulevard Montmartre, mais ses clients étaient
de cette sorte de gens qui, pour rien au monde,
n'eussent consenti alors, je ne dis pas à acheter, mais même à recevoir en don les "hor-
reurs", selon eux, que son frère produisait. Il
lui était d'ailleurs interdit par ses patrons, les
Goupil, de tenir dans un de leurs magasins,
des œuvres considérées par eux comme mons-
trueuses et dévergondées. Et si Théodore
montra jamais des tableaux de son frère au
boulevard Montmartre, ce ne fut qu'à la déro-
bée, à des amis intimes. Autrement recevant

les œuvres de son frère, il devait les empiler
dans son appartement ou, celles qu'il voulait
produire avec une chance quelconque de vente,
les envoyer chez Tanguy. On s'explique après
cela l'intérêt que Vincent Van Gogh a pu porter au père Tanguy, qui l'a conduit à le peindre deux fois, de manières différentes.

Tanguy, tel que Van Gogh nous le montre,
était un homme du peuple de caractère doux.
Quoique sans culture il ne manquait pas d'aspirations. Il avait combattu pour la Commune,
où il avait entrevu, comme tant d'hommes de
sa condition à l'époque, le gouvernement qui
allait ouvrir des voies nouvelles. Déçu en
politique, il avait reporté ses vues d'avenir sur
la forme d'art, dont il était devenu le dépositaire. Il désignait l'ensemble des peintres qui
lui remettaient leurs œuvres par un mot pom-
peux, l'*Ecole*, et cette école était, à ses yeux, en
peinture, ce qui seul comptait. Il ne parlait
jamais de Monsieur Pissarro, de Monsieur
Cézanne qu'avec un profond respect et bien
qu'ils fussent généralement méprisés, il les
tenait lui pour de grands peintres, ce qui prouve
que, malgré son manque de culture, il avait

plus de prescience au fond que beaucoup de critiques et de collectionneurs célèbres du temps. Il n'était d'ailleurs point inventif. La même courte louange lui servait, en toute occasion, à recommander ses peintres. Sa femme, la mère Tanguy, uniformément coiffée d'un petit bonnet blanc et vêtue d'un caraco de laine, passait son temps à coudre, dans la boutique, se bornant, le mari absent, à montrer avec componction, les tableaux. Ainsi sont longtemps demeurés le père et la mère Tanguy, rue Clausel, sans parvenir à faire fortune.

Peu de temps après la mort de Vincent Van Gogh, en juillet 1890, son frère Théodore, qui lui avait témoigné un dévouement inaltérable, frappé au cœur, pris de paralysie générale, perdit la raison. Sa femme le ramena aux Pays-Bas, où il allait mourir en janvier 1891, emportant avec elle les tableaux qu'il avait accumulés. Il ne resta plus après cela, à Paris, que le père Tanguy, ayant en mains des œuvres de Van Gogh à montrer et lorsque l'attention s'éveilla, ceux qui voulurent en voir d'abord et ensuite en acheter se rendirent forcément à sa boutique. Il n'avait pas du en vendre du vivant

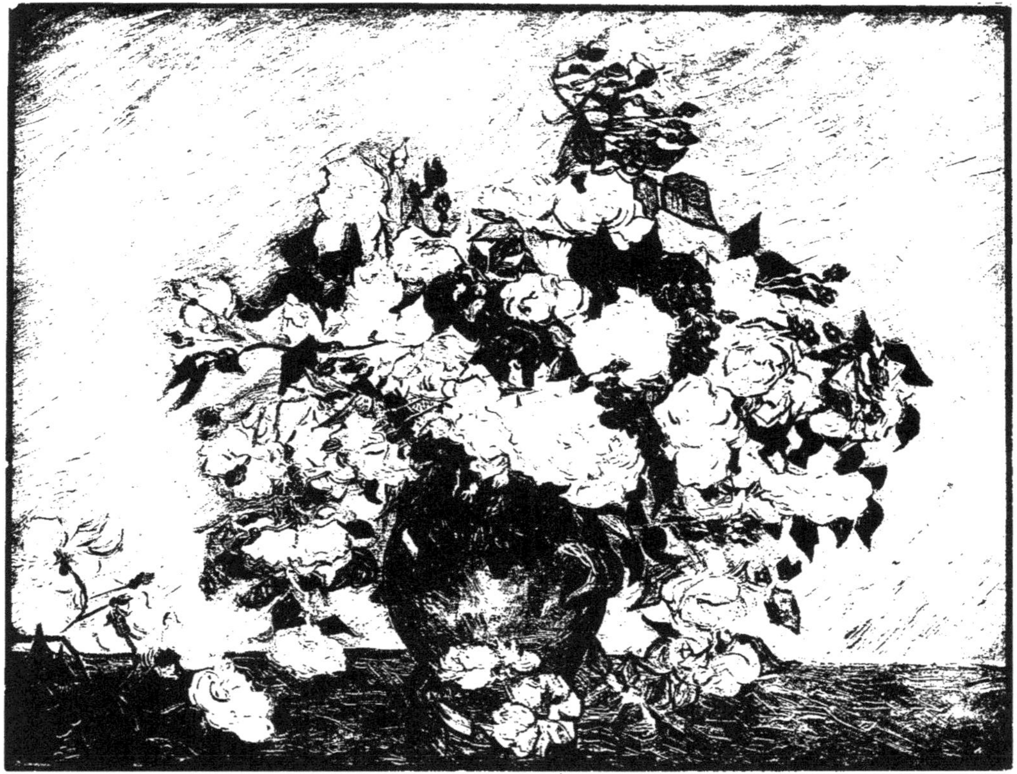

BOUQUET DE FLEURS

même de Van Gogh, mais il en vendrait après
sa mort. Le peintre Schuffnecker fut son premier acheteur. Il lui prit, avant tous autres,
deux tableaux pour trois cents francs.

V

A ARLES ET A SAINT-RÉMY

Van Gogh possédé de la passion de peindre en couleur et dans la clarté s'est livré à
Paris à l'étude des coloristes. Il a accompli sur
lui-même le travail voulu, pour réaliser le passage de la peinture noire à la peinture claire.
Il n'a plus qu'à se tenir à l'œuvre. Mais quand
il entre dans une voie, il s'y engage à fond. Et
maintenant puisqu'il veut peindre absolument
en couleur et en pleine lumière, pour obtenir
des œuvres aussi éclatantes que possible, il
devra aller peindre dans un pays, où l'éclat
venu du soleil lui permettra de porter à leur
suprême puissance ses moyens de palette.

Il est passé des Pays-Bas à Paris. Il y trouve
déjà plus de lumière mais elle est toujours

insuffisante. Il lui faut encore s'avancer vers le soleil. Dans les dispositions où il se maintient, rêvant du Japon qu'il s'est représenté comme le pays de la couleur, de la lumière, de la beauté par excellence, il s'y fut sans doute rendu, si ses ressources le lui eussent permis. Mais il vit dans la gêne. Il dépend de son frère Théodore, il ne subsiste que des secours qu'il en reçoit. Ce frère lui est dévoué. Il le garde chez lui depuis qu'il est à Paris. Le sacrifice à faire ainsi de sa part est assez facile à supporter, mais il sera autrement lourd, quand Vincent en viendra à abandonner la vie commune, pour mener au loin une existence séparée. Dans ces conditions le choix, comme lieu de séjour, parmi les pays de grand soleil, devra porter sur celui qui sera le plus accessible de Paris, afin de réduire autant que possible les frais à prévoir et le pays qui s'offre ainsi est la Provence.

Van Gogh a du avoir tout d'abord son attention attirée sur la Provence, par les toiles lumineuses que Claude Monet avait rapportées d'une ville située dans son voisinage immédiat, de Bordighera, où il était allé peindre en 1884.

Van Gogh n'a pu manquer de les voir dans le magasin du boulevard Montmartre, où son frère Théodore tenait les œuvres des peintres impressionnistes admis par la maison Goupil et particulièrement celles de Claude Monet. Van Gogh a du encore se sentir attiré vers la Provence par la gratitude qu'il doit à Monticelli, un véritable provençal, un Marseillais, auquel il a emprunté lorsqu'il est passé à la couleur.

C'est donc en Provence, à Arles, qu'il ira chercher le soleil. Il a du choisir Arles en particulier, par le même motif de rapprochement de Paris et d'économie, qui lui avait fait choisir la Provence elle-même. Arles est en effet des villes provençales, la moins éloignée de Paris, celle avec laquelle on peut entretenir les rapports en réduisant les frais. Elle présente d'ailleurs, par son site, des avantages à un peintre. Elle est en plein dans la région des oliviers, voisine de la Méditerrannée, sur un grand fleuve le Rhône, près des terres singulières d'aspect de la Crau et de la Camargue.

Van Gogh quitte Paris et arrive à Arles en février 1888. Emile Bernard qui a été en cor-

respondance suivie avec lui, pendant son séjour
à Arles, dit qu'il fut loin d'y être bien accueilli,
qu'il y rencontra une certaine hostilité, qu'il
eut de la peine à y trouver des modèles.[1] Rien
de moins surprenant. Il n'y connaissait personne et y tombait, si l'on peut dire, comme
un aérolithe. Les Arlésiens voient tout à coup
apparaître un homme d'aspect singulier. C'est
un étranger, venu du nord, blond-rouge de
barbe et de chevelure, aussi différent d'eux que
possible. Il est vêtu avec une négligence, qui
le rapproche des gens du peuple. Il est dans
la gêne. Il se montre obligé à une extrême
économie. Il vient pour exercer un art, dont il
ne tire apparemment aucun profit. Que peuvent
bien en penser les Arlésiens ? Ils n'ont encore
jamais vu de peintre s'établir dans leur ville.
Il n'existe pas d'artistes parmi eux, pour leur
expliquer qu'il puisse se trouver un artiste, tra-
vaillant d'une façon désintéressée à la poursuite
d'un idéal. C'est pourquoi tous ont du d'abord
le regarder avec étonnement et beaucoup n'ont
pu s'empêcher de le tenir en suspicion, de voir
en lui un être au moins énigmatique.

<hr>

(1) Lettres de Vincent Van Gogh à Émile Bernard, page 16.

Dans les conditions où Van Gogh se trouve
à Arles, il va y vivre replié sur lui-même. Il
n'aura de relations avec aucun des habitants
bien placés. Il ne s'inquiète point de rechercher
leur société. Il ne se tiendra en rapports qu'avec
cette sorte de gens, qui pourront lui être utiles.
Des hommes et des femmes du peuple, qui
voudront bien lui servir bénévolement de
modèles ou qui, de par leur condition, se con-
tenteront pour poser du faible salaire qu'il peut
seul leur donner.

Les individus de l'ordre le plus élevé
qu'il peindra pendant son séjour à Arles sont
un facteur de la poste, Roulin, et un sous-
lieutenant de zouaves, Milliet, qui a le goût
du dessin, qui posera pour lui et en recevra
en compensation des leçons de dessin. Les
relations avec le sous-lieutenant, qui quitte
Arles assez promptement, furent de courte
durée, mais elles se prolongèrent avec le facteur
et conduisirent de sa part à un véritable atta-
chement. Van Gogh a peint Roulin plusieurs
fois dans son uniforme. Il a aussi peint sa femme
et a exécuté d'après elle la composition qui
s'est appelée *la Berceuse*. Il a encore peint les

enfants Roulin. Pour les tableaux de *l'Arlésienne*, la femme en costume local d'Arles, c'est une dame Ginoux, dont le mari tenait un café près de la gare, où Van Gogh se rencontrait précisément avec Roulin, qui a servi de modèle.

Il s'est logé, à son arrivée à Arles, dans un restaurant. Il y vit sur le pied de cinq francs par jour, qu'il fait bientôt réduire à quatre. Après il a loué à une extrémité de la ville, sur la place Lamartine, une petite maison, une bicoque, composée de quatre pièces, deux au rez-de-chaussée et deux à un premier étage. Elle a été peinte en jaune à l'extérieur, sous sa direction; les murs à l'intérieur ont été badigeonnés à la chaux. Il nous a donné un croquis de la maison et un dessin et deux tableaux à l'huile de sa chambre à coucher. Le mobilier n'est pas luxueux. Un lit de bois blanc, deux chaises de paille du même bois et une petite table servant de support à une cuvette et à un pot-à-eau. Il a meublé de même manière la seconde chambre de son premier étage, pour pouvoir y loger un ami et a laissé vides les deux pièces du rez-de-chaussée, qui lui serviront d'atelier et de dépôt.

Il va ainsi établi, s'absorber dans son travail.
Il est toujours prêt à affronter la solitude et le
manque de bien-être, s'il le faut, pour se livrer
à une poursuite d'ordre élevé. Il reprend donc
à Arles, dans d'autres conditions, mais d'une
façon aussi spontanée, la vie austère à laquelle
il s'est une première fois soumis, lorsque, quittant famille et amis, il est allé dans le Borinage
évangéliser les mineurs. C'est un homme pour
lequel les soucis d'ordre matériel, les préoccupations du succès dans une carrière, la recherche du bien-être n'existent pas.

Il peint et dessine à Arles, on peut dire,
sans désemparer. Il n'y a du reste que le
travail pour lui permettre de supporter la solitude dans laquelle il vit. Les artistes, les écri-
vains ont besoin, aux moments de repos et de
détente, de trouver des hommes plus ou moins
capables de les comprendre, auxquels ils puissent se confier, dont ils puissent recevoir des
marques d'intérêt et, à l'occasion, d'encourage-
ment. Or tout cela manque absolument à
Van Gogh.

Dans l'abandon, il s'épanche au loin. Il
écrit. Il adresse de longues lettres à Paris, à

son " copain " Émile Bernard et à son frère Théodore. Il les tient au courant de ses projets, leur donne des détails sur les œuvres qu'il exécute, les initie aux combinaisons de couleur qu'il se propose d'y introduire. Sa correspondance fait connaître ses faits et gestes et les préoccupations de tout ordre qui le possèdent. On peut dire aussi les rêves que son imagination, se détournant des réalités, fait éclore et qu'elle cultive.

Dans ses lettres à Émile Bernard, il appuie sur une idée, dont il est hanté. Ce serait la vie en commun de peintres, qui combineraient leurs efforts. Ayant au fond même technique, sans se copier ou s'imiter servilement les uns les autres, ils pourraient produire des œuvres d'ensemble, d'une même note d'art. La vie d'étroite union permettrait de diminuer les charges et de réduire les frais d'existence, écrasant ces artistes qui, quelque soit leur talent, se trouvent méconnus et ne peuvent tirer profit de leurs œuvres. Dans cet ordre d'idées, il cite des exemples d'associations qui auraient autrefois existé, selon lui, entre les membres étroitement unis de certaines écoles.

MADAME ROULIN (LA BERCEUSE)

COLLECTION THÉODORE DURET.

Sortant des généralités, il se contenterait personnellement de réaliser le projet d'union avec Gauguin et Émile Bernard, c'est-à-dire avec ses deux meilleurs amis. Il leur écrit donc pour leur exposer les avantages à retirer d'une vie commune. Elle pourrait être menée à Arles, pays de lumière, qui offre aux peintres des motifs superbes, variés à l'infini et il leur fait des appels réitérés, pour qu'ils viennent le rejoindre. Émile Bernard, un jeune homme soumis en ce moment au service militaire, ne peut répondre au désir de Van Gogh. Gauguin est plus libre. Cependant il vit lui aussi dans la gêne. Il est établi au loin, en Bretagne, à Pont-Aven, et en sortir lui reste longtemps interdit. Enfin, après des mois d'attente, il arrive à Arles, à l'automne de 1888.

Van Gogh le loge dans sa petite maison. Alors commence l'association rêvée comme devant être si heureuse. La désillusion est immédiate. Ils ne sont pas plutôt ensemble, que la divergeance de leurs idées, de leurs goûts, de leurs tempéraments éclate et amène des froissements. Ils ont chacun des peintres qu'ils admirent, auxquels ils se réfèrent, dont ils se plaisent à citer les noms, mais ce ne sont pas les mêmes. Ils trouvent réciproquement à redire à ce qu'ils produisent.

Cependant l'exercice de leur art, côte à côte, leur a été certainement profitable. Il les a conduits tous les deux, par une mutuelle émulation, à faire effort pour se surpasser. Ils se sont, au dire de Gauguin, livrés à un travail assidu, pendant qu'ils demeurent ensemble, Gauguin a pu, à ce moment, exécuter un intéressant portrait de Van Gogh, où il le représente peignant des tournesols. Mais le contact de tous les instants les amène à ressentir l'incompatibilité d'humeur qui existe entre eux. Leur compagnonnage, dans ces conditions, n'eût pu se prolonger bien longtemps, lorsqu'il est brusquement rompu par une tragédie, par un accès de folie qui vient frapper Van Gogh.

Depuis qu'il est en France, il a du faire un grand effort pour changer complètement sa manière, passer de la peinture noire à la peinture colorée. A Arles il a joint au labeur de sa production artistique celui de sa correspondance. Les lettres nombreuses qu'il écrit, pleines de réflexions, de pensées, de vues sur son art ont demandé une forte application. Alors qu'on pourrait les considérer comme lui offrant une récréation dans sa solitude, elles ne font en réalité qu'ajouter un travail d'un autre ordre à son travail de la peinture. Chez un homme qui a déjà souffert à Amsterdam de troubles cérébraux, causés par une tension trop grande de l'intelligence, on comprend ce que le surmenage prolongé qu'il s'inflige maintenant doit amener.

Il faut ajouter, pour bien comprendre le mal qui va le frapper, à l'excès de travail, la témérité de se tenir au soleil. Les hommes de la campagne dans le midi, aguerris par une longue habitude, bravent le soleil; les hommes des villes le craignent et l'évitent le plus possible. Or Van Gogh, qui a grandi sous les nuages et dans le brouillard des Pays-Bas, venu à Arles se met à y peindre et à y dessiner sans précautions, en plein soleil. Il nous l'apprend par ses lettres. Il dit une fois : « Je travaille même en plein midi, en plein soleil, sans ombre aucune, dans les champs de blé et voilà ! j'en jouis comme une cigale. » Il dit une autre fois : « La matinée dans les champs

m'a fatigué, c'est que ça fatigue le soleil ici. »
Il s'est en outre représenté, dans un tableau,
sa toile et son chevalet sur le dos, en marche
par la grande chaleur de l'après-midi. Le soleil,
venant frapper une tête fatiguée par l'excès de
travail, chez un homme prédisposé à des troubles
cérébraux, amène une catastrophe.

A la Noël, un soir que Gauguin et Van
Gogh se trouvaient ensemble au café, Van
Gogh, pris d'une fureur subite, jette son verre
et son contenu à la tête de Gauguin. C'était
un premier indice de la folie qui venait. Le
lendemain matin, il dit à Gauguin qu'il a un
vague souvenir de l'avoir offensé et il lui fait
ses excuses. Mais Gauguin, qui soupçonne la
folie et craint la répétition de scènes semblables
à celle de la veille, a pris immédiatement le
parti d'écrire au frère, à Théodore, et de repartir
pour Paris. Le soir même, comme il se pro-
menait au dehors, il entend Van Gogh s'appro-
cher et le voit se précipiter sur lui un rasoir à
la main. La folie était venue complète. Mais
devant le regard de Gauguin, qui se fixe sur
lui sévère, Van Gogh s'arrête, puis reprend en
courant le chemin de la maison.

Après cette seconde scène d'apparence si menaçante, Gauguin peu soucieux de se retrouver seul avec Van Gogh va passer la nuit à l'hôtel. Van Gogh est à la maison. Alors la folie se manifeste dans toute son horreur. Il se coupe une oreille avec un rasoir et, après s'être épongé la blessure et s'être serré la tête d'une serviette pour arrêter l'hémorragie, il enveloppe son oreille d'un papier. Il va l'offrir à une fille, dans une maison de tolérance. La malheureuse ouvre le papier et, à la vue de son contenu sanglant, s'évanouit. Van Gogh, s'enfuit à la maison.

Le lendemain matin Gauguin, sorti de l'hôtel où il a couché, veut rentrer à la maison. Il trouve devant un rassemblement et la police prévenue qui se livre à une enquête. Il est même soupçonné, lorsqu'il paraît, d'avoir tué Van Gogh. Mais on enfonce la porte. On monte à l'étage. On trouve Van Gogh blotti dans son lit, ayant perdu connaissance par la perte du sang. On le ramène à la vie. On le porte à l'hôpital [1]. Gauguin qui avait, dès le premier moment pris le parti de quitter Arles, confirmé dans sa résolution par la tragédie qui

____

(1) *Paul Gauguin*, par Jean de Ratonchamp, pages 54 et suivantes.

vient de se passer, repart pour Paris. Gauguin et Van Gogh devaient correspondre de nouveau mais, éloignés l'un de l'autre, ils ne devaient plus se rencontrer.

Il est probable que l'abondante perte de sang que Van Gogh avait subie, en même temps qu'elle lui causait une faiblesse générale, avait dégagé et calmé le cerveau et par là lui avait évité la folie persistante. La raison lui reviendra à l'hôpital, mais ce ne sera pas sans retours partiels de dérangement cérébral. Son frère Théodore accouru de Paris, en repartant, l'a spécialement recommandé au médecin de l'hôpital, Dr Rey, qui en effet l'entourera des meilleurs soins. Il va être aussi régulièrement visité par le pasteur protestant de la ville, Salles, et le facteur Roulin [1] qui, dans cette triste circonstance, lui témoigne un vrai dévouement.

Il quitte l'hôpital en janvier, pour rentrer dans sa petite maison; un nouvel accès de dérangement cérébral l'y ramène bientôt. Cependant l'acte de violence l'ayant conduit à se couper une oreille a fait grand bruit à Arles, il est tenu pour un fou dangereux et les habi-

---

[1] Van Gogh-Bonger : *Briefe an seinen Bruder*. Einleitung, page 41.

tants de son quartier vont trouver le maire,
pour le représenter comme un homme, qu'il
est imprudent de laisser par la ville en liberté.
Il est alors ramené de nouveau à l'hôpital,
dont il était de nouveau sorti. Il devient évident qu'encore affaibli par sa blessure, toujours
soumis à des crises mentales, sous le poids de
l'effroi qu'il inspire à ses voisins, il ne peut
reprendre la vie à Arles, telle qu'il l'a jusqu'alors
connue. Le pasteur Salles le fait aller au dehors
à un établissement où, soumis à une surveillance, il pourra être ramené à la santé.

A quelques vingt kilomètres au nord-est
d'Arles se trouve la petite ville de Saint-Rémy,
patrie de Nostradamus, d'antique origine, qui
possède de remarquables ruines romaines. Près
de la ville, au milieu des oliviers, on a transformé un ancien couvent, avec jardin et cloître
intérieurs, en une maison de santé, où l'on
soigne les gens atteints de maladies mentales
et de folie. Des malades y sont envoyés de
fort loin. Mme Lafarge y fut mise, tenue comme
démente, après sa condamnation, pour avoir
empoisonné son mari. L'établissement renom-
mé existe de vieille date, sous forme d'entre-

prise privée. Mais il lui a fallu pour se fonder une autorisation spéciale et il est toujours demeuré soumis au contrôle de l'État. Avec cette garantie, les personnes qu'on y hospitalise ont pu être retenues et gardées, privées de leur liberté.

C'est là qu'au mois de mai 1889 le pasteur Salles conduisit Vincent Van Gogh, après que son frère Théodore eut pris de Paris les arrangements nécessaires à son admission. Van Gogh, dans le triste état où il se trouve, se laisse enfermer à Saint-Rémy. Il y vit dans le calme. Sa tête se remet. Le beau feu, l'enthousiasme qui le possédaient à Arles et lui avaient permis sa grande production artistique et sa nombreuse correspondance, n'existent plus. Mai si le souvenir de l'accès de folie qui le hante, l'amène maintenant à se restreindre, les forces revenues lui permettent cependant de reprendre une correspondance intermittente avec ses amis et de se livrer de nouveau à la peinture. Il y est aidé par le directeur de l'établissement, Dr Peyron, un homme bienveillant.

Il est gardé assez longtemps à l'établissement de Saint-Rémy sous une stricte surveillance,

OLIVIERS EN PROVENCE

sans qu'on le laisse sortir au dehors. Dans cette situation, il dessine et peint d'abord tout naturellement les motifs qui s'offrent à l'établissement même, le jardin et, comme personnage, un des principaux gardiens. Ces motifs, en petit nombre, ne sauraient lui suffire. Alors séquestré et privé du contact avec la nature, il se livre à un travail d'un genre particulier. Il peint des sujets empruntés aux maîtres qui ont sa préférence, mais qui ne donnent point ce qu'on pourrait appeler des copies. Il ne saurait en effet avoir les originaux des sujets à reproduire sous les yeux. Il ne dispose que de gravures, d'estampes ou même de photographies, qu'à sa demande son frère Théodore lui a envoyées. Les originaux absents ont dû être librement interprétés et les œuvres faites ainsi, peuvent compter comme créations personnelles. Ont été peints, dans ces conditions : *la Charrue, le Semeur, la Veillée, les Batteurs en grange* d'après Millet, *le bon Samaritain* d'après Delacroix, la *Résurrection de Lazare* d'après Rembrandt.

Cependant ses forces sont tout à fait revenues. On n'a point vu le retour d'accès de

folie semblables à celui qui l'a frappé à Arles
et il inspire désormais assez de confiance pour
qu'on lui accorde d'aller peindre couramment
au dehors. Saint-Rémy n'est pas comme Arles
complètement en plaine. Il est adossé au sud,
à la chaîne des Alpines. Van Gogh va donc
trouver aux alentours des sites accidentés et
d'un caractère sauvage, tels qu'il n'avait pu en
connaître ailleurs. Il en profitera pour exécuter
de ses œuvres les plus vigoureuses. Il peint
en outre, dans la campagne, une série de toiles
consacrées aux oliviers, où il rend, on ne peut
mieux, l'aspect combiné de la végétation et de
la terre provençales.

Il demeure à Saint-Rémy une année. Pendant ce temps aucune nouvelle crise de folie
n'est apparue. On peut lui permettre de partir,
de reprendre la liberté et la vie normale. Il
vient donc, au printemps de 1890, retrouver à
Paris, son frère Théodore.

VI.

L'ART DE VAN GOGH
EN FRANCE

Lorsque Van Gogh arrivait à Arles, il avait accompli le changement entrepris pour devenir coloriste. Il était maître de sa nouvelle technique. Il n'avait plus rien d'essentiel à y ajouter.

L'exercice de son art repose maintenant sur trois pratiques fondamentales, d'où son originalité ressortira pleine et entière. D'abord le soin d'observer partout la couleur, de reconnaître dans un ensemble la variété des couleurs, qui devront être appliquées sans atténuation, demi-teintes ou clair-obscur. Puis, pour saisir et fixer avec intensité la lumière éclairant les couleurs, le recours au système adopté par les Impressionnistes, de peindre en plein air, sous l'éclat direct du grand jour et du soleil. En troisième lieu, l'emploi de touches hardies, qui préciseront les lignes et les contours du premier coup, d'un jet, sans qu'on puisse ensuite les reprendre. Il a atteint, en ce qui concerne ce procédé particulier, suggéré par les Japonais, une complète maîtrise. Ce que l'on peut appeler la gymnastique à laquelle il s'est livré, à Paris, lorsqu'il à peint du coup, tant de tableaux aux sujets divers, lui a permis d'obtenir une grande sûreté de main. Cette technique d'une exécution de prime-saut qui, avec d'autres n'aurait sans doute donné que des manières d'esquisses, de faible texture, donne avec lui des œuvres puissantes. La force s'unit, dans la facture, à la hardiesse et à la rapidité.

Van Gogh s'est décidé à porter à son dernier terme l'évolution vers la couleur qu'il a entreprise à Paris et il est venu en Provence, avec la pensée de trouver les moyens d'y réussir. Une fois sur le terrain choisi, il a donc procédé de la manière qui lui permettrait le mieux d'atteindre son but. Il a peint les motifs et les sites offerts par la Provence en recourant aux ressources les plus hardies de sa palette. Il n'a

voulu voir le pays qu'au soleil, sous son aspect
le plus coloré et le plus éclatant.

Les méridionaux, les peintres nés dans les
pays du soleil n'ont pas tous vu la nature autour
d'eux, revêtue de cet éclat qu'y cherchait et qu'y
découvrait Van Gogh et qu'y cherchent et y
découvrent généralement, comme lui, les peintres qui, comme lui, viennent s'y implanter du
nord. Il semble que la parure que la vive lumière
donne aux choses leur soit, par l'habitude, devenue en quelque sorte indifférente. Ils ont bien
en général enveloppé leurs œuvres de cette
transparence, de cette limpidité de l'atmosphère
propres au milieu, qui les ont enveloppés eux-
mêmes dès leur naissance et leur sont ainsi
devenues organiques, mais ensuite la plupart se
sont tenus à un coloris sobre et atténué.

Au contraire les peintres venus du nord,
pour peindre dans les pays méridionaux, heu-
reux d'y trouver cette lumière qui leur a manqué
chez eux, pressés de s'approprier la tonalité
vibrante qu'ils n'ont pas connue, revêtent pres-
que toujours du coloris le plus éclatant les
motifs et les sites qu'ils ont sous les yeux. Mais
alors un écueil se dresse devant eux, que beau-

coup ne peuvent ou ne savent éviter. Cet éclat qu'ils recherchent avant tout, il leur était inconnu. Cette vive lumière qu'ils observent avec prédilection, leur œil n'y a pas été préparé. Aussi ne parviennent-ils pas à les saisir exactement, ils les faussent plus ou moins, ils restent en deçà ou vont au delà de la réalité, leur coloration se révèle artificielle. On reconnaît, à la vue de leurs œuvres, qu'hommes venus du nord, ils n'ont pu suffisamment se transformer, pour s'adapter aux conditions nouvelles, s'imposant à eux. Van Gogh lui, en Provence, tout en recherchant des effets de lumière particuliers et en usant des hardiesses de sa palette, se maintient au juste diapason. Il saisit les colorations avec une telle vérité que l'idée ne saurait se présenter qu'il n'appartienne pas au sol, qu'il soit nouveau à en voir les aspects. On ne s'imagine point qu'il ait pu venir des Pays-Bas.

En parlant de cette partie de l'œuvre de Van Gogh produite sur la terre natale, nous avons fait ressortir qu'elle était essentiellement hollandaise, tout en étant très personnelle. Les hommes y apparaissent avec une physionomie austère. Les lieux représentés dégagent comme un sentiment de mélancolie. L'ensemble est pénétré d'une sorte de mysticisme. Peintures et dessins sont exécutés dans une gamme sombre, demandée pour qu'il y ait accord entre la forme et le fond. Et voilà qu'en moins de deux ans, du commencement de 1886 à la fin de 1887, Van Gogh a fait un tel effort sur lui-même qu'il a transformé absolument sa manière.

Il n'existe peut-être pas, dans l'histoire de l'art, d'exemple d'un changement aussi complet. On a vu des artistes se renouveler, modifier leur technique, adopter une esthétique qui leur était d'abord étrangère, mais sans dépasser certaines limites. Ceux qui ont voulu prendre une forme autre que celle qu'ils avaient d'abord revêtue, ne sont cependant pas complètement sortis du cadre naturel où ils se trouvaient placés, ils n'ont pas renoncé entièrement à leur caractère national, pour en adopter un autre. Van Gogh a réalisé au contraire une métamorphose totale. Il s'est, si l'on peut dire, sorti de lui-même, il s'est créé une nouvelle personnalité. Il s'est défait, en passant par Paris, de sa physionomie d'homme du nord, il ne lui en reste rien à Arles. En Hollande son art se montrait sombre, austère, mystique, en Provence il est coloré, éclatant, épanoui.

Van Gogh s'est préparé, par le changement qu'il a réalisé, à pouvoir rendre dans son originalité la nature méridionale. Aussi va-t-il rechercher comme objet de ses préférences ces motifs et ces formes, qui donnent à la Provence ses traits particuliers. A Arles et aux environs immédiats, il peindra les sites caractéristiques, tels que l'allée des Alyscamps. Sur les bords de la Méditerranée la végétation a pris un aspect inconnu au nord. Elle frappe par certains arbres, les cyprès, les oliviers, et Van Gogh, en peignant le paysage provençal, s'arrêtera sur eux avec prédilection. Il les saisira dans la justesse de leur galbe. Il saura exprimer leur personnalité, car les arbres en ont une.

Il n'y a pas que Van Gogh qui, en Provence, ait peint la campagne avec ses arbres, avec les oliviers. Renoir est allé vivre à Cagnes, près de Nice. Il s'y est bâti une maison, dans son jardin et aux alentours se trouvaient des oliviers. Il les a rendu avec le charme qu'il met à toutes choses et en leur gardant leur physio-

BOHEMIENS A Stes-MARIES

nomie particulière. Venu lui aussi du nord en Provence, il a du s'adapter lui aussi à une nature nouvelle. Je lui ai entendu dire qu'il lui avait fallu du temps et de l'application pour bien saisir le caractère de la campagne méridionale, qui lui était restée longtemps étrangère.

Si Renoir, avec la longue pratique de son art et tranquillement établi, n'a pu cependant rendre la nature méridionale avec exactitude, qu'à la suite d'une véritable application, on peut penser quel effort soudain il a fallu à Van Gogh, arrivé à Arles à l'improviste et enfermé ensuite à St-Rémy, pour adapter ses moyens à la représentation d'une nature qui lui était jusqu'alors restée absolument inconnue. Qu'il soit parvenu, pendant son séjour en Provence, dans les conditions où il s'y trouvait, à rendre avec force et sûreté les hommes, la terre, la végétation, indique chez lui une telle dépense d'activité, qu'on comprend qu'un cerveau comme le sien, organiquement excitable, n'ait pu résister intact et soit tombé dans un état d'exaltation morbide. Nous sommes amenés ainsi à considérer l'extrême point atteint par l'art de Van Gogh, où le visionnaire apparaît, où l'imagination débridée ajoute une part de fantastique à la réalité et laisse entrevoir le délire.

Le développement vers le fantastique se produit chez Van Gogh et dans le dessin et dans le coloris. Dans le dessin, on a vu le soleil étendre ses rayons en longs traits ou les enrouler en cercles s'emparant du ciel, les nuages prendre des formes mouvementées et tournoyantes, les arbres s'agiter échevelés. Dans le coloris, le fantastique s'est surtout manifesté par l'emploi de la couleur jaune. On trouve dans ses lettres cette exclamation : que c'est beau le jaune ! Il avait peint en jaune sa petite maison d'Arles, il a peint des tournesols, où le jaune des fleurs n'est qu'une note surélevée au jaune qui enveloppe l'ensemble du tableau. Il a même employé le jaune, à la place de l'usuelle couleur chair, pour colorer des figures et des visages humains. Il y voyait sans doute comme un reflet du soleil. Il en a fait sa couleur dominante.

La part de fantastique et de vision surexcitée a beaucoup contribué au mépris, dans lequel l'œuvre a été longtemps tenue toute entière. Elle a permis d'en dire, c'est d'un fou ! et de la condamner ainsi sommairement. Mais appelés maintenant à juger de loin l'art de Van Gogh, on regretterait que cette part due à l'imagination en travail ardent n'y fut pas. Si elle manquait, l'originalité et l'invention n'y seraient point aussi accentuées. Il est d'ailleurs une raison, pour que les œuvres où apparaissent le fantastique et l'irréel ne puissent être écartées et vues d'un autre œil que les plus calmes. C'est qu'elles sont elles aussi parfaitement sincères et spontanées, que rien ne s'y trouve d'artificiel. C'est que Van Gogh, en les produisant, n'a pas eu recours à des procédés particuliers. Il a continué dans sa voie, au travail devant la nature. Le fantastique et l'irréel, dans celles de ses œuvres où ils se laissent voir, reposent donc sur une base réelle, ils ne sont issus de l'imagination surexcitée, que pour s'ajouter à un fond vrai, avec lequel ils forment corps.

Nous n'avons examiné jusqu'ici que la transformation que Van Gogh a fait subir à son art de la peinture, pour passer de la manière noire, à laquelle il s'était tenu en Hollande, à la manière claire et colorée, qu'il développe en France. Mais en même temps qu'il peint, il dessine et il nous faut maintenant parler du changement qu'il a su apporter à la technique de ses dessins, correspondant à celui qu'il a réalisé dans celle de sa peinture. Il avait surtout exécuté ses dessins en Hollande à l'aide du crayon noir, il les avait fortement ombrés, pour obtenir ce caractère austère, qu'il voulait donner aux êtres humains et à leurs entours, sous l'influence du mysticisme dont il était alors pénétré. Mais ses anciens procédés de dessin ne sauraient pas plus convenir à rendre l'éclat du pays de France, où il est venu travailler, que ses anciens procédés de peinture. De même qu'il a du changer les uns, il lui faut changer les autres.

Il ne recourt donc plus au crayon noir. Il fait maintenant usage d'un instrument qui lui restera propre, le roseau taillé, rappelant le calame, avec lequel se trace l'écriture arabe. Il le manie avec décision. Il applique à l'encre des traits courts ou allongés, plus ou moins gros, plus ou moins serrés, selon ce qu'il veut rendre. Il les entremêle de points et, de cette manière, il obtient des dessins que l'on peut dire lumineux, pleins d'air, donnant la sensa-

tion de l'espace et de l'étendue. C'est surtout
à Arles qu'il a employé son nouveau procédé.
Il s'en est servi pour prendre de nombreuses
vues. Ont ainsi figuré, comme sujets représentés dans la série de ses dessins, en ville, le
Café sur la place du Forum, le quai le long
du Rhône avec le pont du chemin de fer,
autour de la ville les sites qu'offre la campagne,
plus au loin la Crau, à laquelle il a su con-
server son aspect si particulier et encore la Méditerranée, qu'il est allé voir à Saintes-Maries,
dans la Camargue.

Van Gogh avait fait d'Arles des envois de
ses tableaux à son frère Théodore, à Paris.
Lorsque l'accès de folie qui devait le conduire
à St-Rémy l'avait frappé, Théodore venu à Arles
avait pris les tableaux pouvant encore y rester.
Le petit nombre d'œuvres que Van Gogh avait
données ont été recherchées depuis et ont passé
aux mains des marchands et des collectionneurs. On peut donc dire qu'il ne s'est point
perdu de tableaux à Arles, mais il en a été
autrement à St-Rémy.

Van Gogh a bien encore envoyé de St-Rémy
le plus grand nombre de ses tableaux à son

frère, à Paris, cependant il en a laissé avec
insouciance à des gens, qui ne savaient en faire
cas. Je tiens de Mme Gasquet, la femme du
poète, née à St-Rémy et y ayant passé sa jeunesse que Van Gogh, après avoir peint le portrait du jardinier de l'établissement qui subsiste,
avait aussi fait les portraits du père et de la
mère, des mieux réussis. A la mort de ces gens,
les détenant, ils ont disparu, on ne sait comment. Un photographe, qui s'adonnait à la peinture et entre les mains duquel une douzaine
de tableaux étaient restés, les aurait grattés, pour
se servir des toiles, ou les aurait laissé périr par
négligence. Mme Gasquet porte à une vingtaine
le nombre des œuvres perdues de diverses manières à St-Rémy.

VII.

L'ÉCRIVAIN

Nous avons vu Van Gogh faire prendre à son art deux formes différentes ayant des points de départ différents. D'abord, en Hollande, il le rattache aux maîtres hollandais ses devanciers ou ses contemporains, puis en France, il l'appuie sur un ensemble de peintres coloristes, allant de Delacroix à Monticelli et aux Impressionnistes. L'effort à la fois intellectuel et visuel exigé pour mener à bien un tel développement eut demandé à un autre homme, tout son temps et toute son attention. Mais lui, avec son exubérante activité, trouve moyen d'ajouter à sa dominante poursuite artistique, des lectures et des études littéraires. D'ailleurs s'il se produit des changements dans ses idées et ses goûts artistiques, il s'en produit du même ordre dans ses préférences littéraires. Et ainsi sera maintenue l'unité entre les manières de voir et de sentir, et de l'artiste et de l'homme porté vers la littérature.

Pendant qu'il se montre un fervent évangéliste, pris de pitié pour les mineurs dans le Borinage et de retour en Hollande, pendant qu'il demeure plus ou moins sous l'empire des mêmes sentiments, la littérature à laquelle il s'attache est surtout de caractère religieux et de tendances humanitaires. Sa sœur, Mme du Quesne, nous apprend qu'il lit alors, d'une manière assidue, des ouvrages religieux, la Bible, Thomas A. Kempis, et des auteurs anglais, Carlyle, Dickens, Mme Beecher Stowe. Mais lorsqu'il est passé de la peinture noire en Hollande à la peinture claire et colorée en France, il a changé le genre de ses lectures. Cela se conçoit, car l'aspect de sa production artistique montre que son esprit a dû complètement se modifier. En effet sa ferveur mystique a disparu, il n'est plus religieux, il s'exprime même avec irrévérence sur la Bible. Il semble n'avoir conservé de ses anciens sentiments qu'une véritable

TETE D'HOMME

admiration pour le Christ, mais elle est fort peu orthodoxe, au point de vue chrétien, car il se plaît surtout à voir en lui un artiste, un grand artiste.

On ne découvre plus trace dans ses œuvres de l'austérité et du caractère sombre, qui les pénétraient autrefois. Il aime la clarté, l'épanouissement de la vie. Aussi bien Zola, l'homme qui a su le mieux montrer le bouillonnement de la vie et la fécondité de la nature, est-il devenu son auteur favori. Il l'exalte, l'élève au premier rang en littérature, comme il le fait pour Delacroix en peinture. Ses œuvres, auxquelles il ajoute certains ouvrages d'Huysmans, forment maintenant le fond de ses lectures. Il se pénètre de leur substance.

C'est qu'en définitive s'il donne une part de son attention à des études littéraires, ce n'est pas seulement parce qu'il s'en promet des secours comme artiste, mais encore parce qu'il a besoin de satisfaire un appétit d'ordre littéraire, existant par et pour lui-même. Il va à la littérature parce qu'il possède, outre ses facultés de peintre, des facultés de littérateur. Il n'a pas seulement peint, il a aussi écrit. Vivant le plus souvent solitaire, replié sur lui-même, il s'épanche dans sa correspondance. Ses lettres sont naturellement plus ou moins familières et, selon les destinataires, d'un intérêt plus ou moins général. Mais lorsqu'elles ont pour fond des idées neuves ou des vues originales sur l'art, lorsque le sujet le comporte, le style s'y élève et elles sont alors dignes d'entrer dans la littérature.

Van Gogh se donne sans réserve dans ses lettres. Ses conceptions et préférences esthétiques, les raisons qui le guident dans le choix de ses sujets ou dans ses combinaisons de coloris, viennent prendre vie, fixées sur le papier. En même temps sont exposés ses soucis pécuniaires, les besoins de sa vie matérielle, l'intimité de ses rapports avec les membres de sa famille et ses amis. Et aussi sont introduits les jugements d'ordre littéraire que lui suggèrent ses lectures, les réflexions qui naissent de son contact avec les hommes autour de lui. Sa correspondance ainsi remplie a un caractère qu'on peut dire touffu, elle est pleine de force, l'expression s'y trouve toujours juste. Personne, en écrivant, ne s'est mieux laissé voir, que ne l'a fait Van Gogh.

Les lettres de la première époque sont
écrites en hollandais, mais celles qu'il adresse,
pendant son séjour à Arles, non seulement à
son ami Emile Bernard mais encore à son
frère Théodore, sont écrites en français. Les
unes et les autres ont fait l'objet de plusieurs
publications. Les lettres en français ont d'abord
paru partiellement dans le *Mercure de France*
et l'éditeur Bruno Cassirer, à Berlin, en a
donné aussi partiellement une traduction allemande. Puis sont venues des publications
complètes. Ont ainsi paru, chez Ambroise
Vollard à Paris, les lettres écrites, surtout à
Arles, à son ami Emile Bernard. La veuve
de Théodore, Mme Van Gogh-Bonger, a fait
une publication à Amsterdam, des lettres écrites
tant en hollandais qu'en français, on peut dire
au cours de la vie entière, à son frère Théodore.
Cette correspondance ne comprend pas moins
de six cent cinquante-deux lettres. L'éditeur
Paul Cassirer, à Berlin, en a donné une traduction allemande. Pour avoir la totalité des
lettres écrites par Van Gogh, il faudrait ajouter
aux lettres adressées à son frère et à Emile
Bernard qui ont été publiées, les nombreuses

lettres restées inédites, adressées à ses père et
mère et celles qu'il n'a pu manquer d'adresser
à d'autres membres de sa famille et à ses divers
amis.

Quand on constate qu'en dix ans de temps
Van Gogh a développé en Hollande d'abord,
en France ensuite, deux formes d'art complètes
en elles-mêmes, mais de forme et de fond entièrement différents, qu'en outre il s'est livré,
par son énorme correspondance, à un véritable
travail littéraire poursuivi en deux langues, on
est contraint de lui reconnaître un cerveau
d'activité excessive. On s'explique alors que
l'usure de l'organe se soit produite et qu'elle
ait eu pour conséquence un état morbide,
conduisant à des accès de folie.

VIII.

A AUVERS-SUR-OISE

Albert Aurier, un jeune critique de talent, avait écrit sur l'art de Van Gogh un article louangeur, inséré dans le numéro de Janvier 1890 du *Mercure de France*, qui faisait à ce moment même son apparition dans le monde. C'était la première fois que Van Gogh se voyait publiquement remarqué. Il avait adressé à l'auteur, de St-Rémy, une longue lettre, où il ajoutait à ses remerciements, un exposé de son esthétique[1]. Puis lorsqu'il fut revenu à Paris, au printemps de 1890, il entra en relations avec lui et le comprit au petit nombre de ses amis.

Van Gogh n'obtenait l'attention dans la

____
(1) Albert Aurier. *Œuvres posthumes*, page 265.

presse que du seul *Mercure de France* et seule
la Société des Artistes indépendants lui offrait
le moyen de montrer quelques-unes de ses
œuvres au public. Les Indépendants, s'éta-
blissant en 1884, avaient supprimé le jury
d'admission à leurs expositions ouvertes à tout
venant. Van Gogh, dont les œuvres n'eussent
certainement été reçues nulle part où un jury
eût eu à se prononcer sur elles, avait profité
de la liberté d'entrée aux Indépendants, pour
mettre trois de ses tableaux à l'exposition
de 1888 et deux à celle de 1889. Mais à cette
époque du début les expositions des Indépendants étaient peu importantes et peu visitées
et les tableaux de Van Gogh, en nombre restreint, n'ont dû être remarqués que de ceux
qui avaient déjà pu en voir chez Tanguy ou
chez le frère Théodore. Van Gogh de son
vivant est donc resté absolument inconnu hors
de France et en France même n'a été connu
et apprécié que de quelques amis et de quelques artistes, parmi lesquels on doit compter
Toulouse-Lautrec, qui a fait de lui un portrait
au pastel.

Cependant dans quel état mental se trou-

vait-il réellement revenant de St-Rémy à Paris ?
Les portraits assez nombreux qu'on a de lui
des derniers temps permettent de répondre à
la question. En les rangeant chronologiquement, on voit les yeux y prendre une fixité de
plus en plus inquiétante et devenir tout à fait
hagards. On en éprouve une sensation dou-
loureuse. On reconnaît par là que l'accès de
folie d'Arles a été la manifestation violente
d'un état morbide permanant, prenant une
forme aiguë, sous le coup de circonstances
particulières et qu'alors, si les soins, le calme
ont fait cesser momentanément les crises, ils
n'ont eu aucune action pour mettre fin à l'état
morbide d'où elles découlent, qui a sa racine
au plus profond de l'organisme. C'est un cas
de maladie incurable.

Van Gogh et son frère Théodore n'ont pu
que demeurer sous le coup de la terrible im-
pression causée par l'accès de folie survenu à
Arles, craignant d'en voir apparaître de nouveaux. Cela a dû suffire en particulier au frère,
à Théodore, qu'il ait eu ou non la sensation
de la maladie incurable que nous retirons de
la vue des portraits, pour vouloir assurer à Vin-

cent un genre de vie qui, le maintenant dans le calme, lui éviterait autant que possible de nouvelles crises. Dans ces dispositions, Théodore veut le sortir de Paris, sachant qu'il ne pourrait y vivre que dans un état malsain de surexcitation et il lui trouve un lieu de résidence paisible à la campagne. Il le fait aller à Auvers-sur-Oise, près de Pontoise.

Auvers avait été depuis longtemps adopté et fréquenté par les peintres. Daubigny y avait occupé une maison avec un grand jardin. Cézanne y était venu une première fois résider, en 1873. Il s'y était rencontré avec Pissarro et Vignon et c'est alors, qu'à leur exemple, il s'était mis méthodiquement à peindre en plein air et à développer son système si personnel de coloris. Après ce premier séjour d'assez courte durée, il y était revenu en 1880. Il y avait alors trouvé le Dr Gachet, un homme aimant les arts. Le Dr Gachet avait su apprécier l'art de Cézanne encore méconnu, et avait montré ainsi son bon jugement et son goût éclairé. Cézanne et lui s'étaient donc liés d'amitié.

Lorsque Van Gogh venait à son tour rési-

XII

LA MER MEDITERRANEE

der à Auvers, il n'y trouvait pas Cézanne, parti depuis plusieurs années, pour retourner vivre à Aix, sa ville natale, mais il y trouvait celui qui avait été son ami, le Dr Gachet, et il allait l'avoir lui aussi pour ami. Il sera donc à Auvers dans de bonnes conditions. Il pourra recevoir, en cas d'accès de sa maladie, les soins d'un médecin, avec lequel il noue des rapports intimes et qui, étant un homme éclairé, saura, sur le terrain de l'art, l'apprécier et lui répondre. Enfin établi dans un lieu pittoresque, il sera à même d'y pratiquer avantageusement la peinture de paysage, qui est devenue une des parties principales, sinon la principale, de sa production. Il a pris pension et il occupe une chambre, dans un de ces modestes établissements à la fois auberge, restaurant, café, débit de vins, comme il en existe dans les villages aux environs de Paris, tenu par un nommé Ravoux, sur la Place de la Mairie.

Il se remet au travail. Plusieurs des œuvres qu'il exécute à ce moment sont devenues très connues, telles que *La maison et le jardin de Daubigny*, la *Mairie d'Auvers*, le *Portrait du Dr Gachet*, coiffé d'une casquette, en double exemplaires,

dont l'un se trouve maintenant au Musée
Staedel à Francfort. Le Dr Gachet n'exerçait
pas la médecine à Auvers. Il était exclusivement au service de la Compagnie du chemin
de fer du Nord et, en cette qualité, il se ren-
dait régulièrement à Paris, un certain nombre
de jours par semaine. Revenu chez lui à Auvers
il cessait, on peut dire, d'être médecin, aussi
avait-il loisir de se consacrer aux peintres
ses amis et de s'adonner, à côté d'eux, aux arts
de la peinture et de l'eau-forte. Il faisait des
eaux-fortes sous le pseudonyme de Van Ryssel,
dont il se plaisait à donner des épreuves à ses
amis. Van Gogh, pendant son séjour à Auvers,
a gravé un portrait du docteur, tête nue, fumant
sa pipe, sur une plaque toute préparée, qu'il en
avait reçue. C'est la seule fois qu'il se soit
essayé à l'eau-forte.

Van Gogh était en plein travail et depuis
deux mois seulement à Auvers, lorsque soudain il se suicide.

On peut penser qu'après l'accès de folie
qui l'avait conduit à porter la main sur lui, un
second du même genre, alors que son état cérébral morbide n'avait pu que s'aggraver, l'ait

mené à un acte plus grave encore, à se donner la mort. Mais indépendamment d'un nouvel accès de folie, qui aurait pu être la cause immédiate de son suicide, en voyant combien pénible sa vie était devenue et combien triste l'avenir se présentait à lui, on peut croire aussi qu'une résolution réfléchie ait précédé l'acte impulsif. Cet homme depuis l'accès de folie d'Arles, a vécu dans la terreur d'en voir survenir de nouveaux. Il a été séquestré une année à St-Rémy, on lui évite maintenant la vie agitée de Paris, on le tient à la campagne. Quelle perspective lui réserve l'avenir sinon de voir, avec l'âge, son état s'aggraver jusqu'à une perte complète de la raison ?

A l'angoisse de la maladie, la charge que son entretien fait supporter à son frère Théodore, ajoute une douleur d'ordre moral. Il a vécu, depuis qu'il est en France, aux dépens de son frère. Il lui remet bien ses tableaux à vendre, mais ils sont invendables et ne lui permettent en aucune manière de se récupérer. Ce frère lui est dévoué, il admire son art, il a foi en son avenir et va au devant des sacrifices à faire en sa faveur. Mais il a fini par se marier, il a une femme et un enfant et les frais de son ménage lui rendent maintenant bien lourd, tout secours à donner au dehors. Puisqu'il ne peut tirer aucun avantage de sa production d'artiste, Van Gogh se voit donc condamné à rester indéfiniment à la charge de son frère, ce qui est pour lui un profond tourment.

Il ne lui faut point penser à se suffire par l'exercice d'une profession quelconque. Il n'a pu y réussir dans sa jeunesse et encore moins le pourrait-il à trente-sept ans. D'ailleurs sa maladie cérébrale lui ferme l'avenue de toutes les carrières. On comprend, dans ces conditions, que le suicide ait pu lui apparaître comme une délivrance de la vie, trop dure à supporter.

Un jour il est sorti de l'auberge où il demeure, pour aller peindre dans les champs. L'heure où l'on a l'habitude de l'attendre est passée sans qu'il soit de retour. Tout à coup on le voit revenir. Il est blessé et tout baigné de sang. « J'ai voulu me tuer, dit-il ». On court chercher le Dʳ Gachet. Il examine la blessure. La balle tirée dans la poitrine a glissé sur une côte et est descendue dans l'aine. Son frère Théodore prévenu arrive. La

balle ne pourra être extraite. La blessure est
mortelle. Il demande sa pipe. Il fume. Il sup-
porte stoïquement de violentes souffrances et
meurt le troisième jour, le 29 juillet 1890.
Quelques amis venus de Paris et les gens du
voisinage le portèrent au cimetière d'Auvers.

Lorsqu'il mourait, il avait du dépendre,
pour son existence, de l'aide de son père
d'abord, de son frère Théodore ensuite. Il
n'avait pu tirer aucune ressource de sa production artistique et la parole de l'Ecriture,
« il n'est pas donné à l'homme de jouir du
fruit de son travail », conviendrait, comme
épitaphe, à inscrire sur sa tombe.

IX.

EN 1915

L'histoire de la peinture au XIXe siècle révèle, comme un fait singulier, que les artistes les plus méprisés de ce siècle à leur apparition auront ensuite obtenu l'appréciation la plus certaine et la plus étendue. Le cas de Cézanne d'abord, celui de Van Gogh ensuite viennent le prouver.

Nous avons raconté comment Van Gogh avait été absolument ignoré dans son pays natal, lorsqu'il s'y tient et y produit ; nous avons montré comment, lorsqu'il développe à Paris, à Arles et à St-Rémy cette partie de son œuvre exécutée dans la donnée claire et colorée de l'impressionnisme, il était resté incompris et méconnu, sans pouvoir tirer aucune ressource de son travail ; nous avons dit encore comment à sa mort, en 1890, il n'avait recueilli l'adhésion que d'un tout petit noyau d'amis, restreint à la France. Il faut voir maintenant le changement qui s'est accompli en sa faveur, si bien qu'après vingt-cinq ans, en 1915, il se trouve placé au premier rang des artistes originaux du XIX⁰ siècle.

Quelque temps après la mort de Van Gogh son ami Emile Bernard, comme accomplissant un devoir pieux, était allé demander une quinzaine de ses toiles au père Tanguy. Il les avait exposées chez Le Barcq de Boutteville, un marchand qui s'efforçait de trouver des acheteurs aux productions des artistes dédaignés. Cette modeste exposition ne pouvait avoir prise sur le public. Elle n'avait pas plus de résultat, pour répandre le nom de Van Gogh, que n'en n'avait eu antérieurement la montre de quelques uns de ses tableaux aux expositions des Artistes indépendants.

La publication de ses lettres à son frère Théodore et à Emile Bernard par le *Mercure de France*, des années 1893 à 1897, commença à le mettre en vue, mais elle apprenait seulement qu'il était doué d'un véritable talent litté-

XIII

LE SEMEUR

raire et aucun changement n'était apporté ainsi
dans la méconnaissance qu'on avait de l'artiste.
Il fallut des années d'un travail obscur, prépa-
rant le terrain, pour que l'on pût se permettre
de faire des expositions de ses œuvres attirant
réellement l'attention.

MM. Bernheim-Jeune furent les premiers
à faire, en Mars 1901, une exposition importante qu'on peut dire décisive, comme ouvrant
le chemin. Elle comprenait soixante et onze
œuvres, empruntées à des sources diverses.
Cette exposition, rue Laffitte, en un centre artistique, exercerait une action durable. Une pré-
face, en tête du catalogue, due à Julien Leclercq,
faisait connaître la vie de Van Gogh et donnait
une analyse de son art. On n'avait encore vraiment parlé de lui qu'au *Mercure de France*, où
Albert Aurier, mort depuis, et Emile Bernard
avaient inséré des articles louangeurs. La pré-
face de Julien Leclercq venait maintenant, dans
des circonstances favorables, renseigner sur son
compte et permettre de juger son art avec cer-
titude.

Après cette exposition, l'intérêt excité par
les œuvres de Van Gogh ne pouvait qu'aller

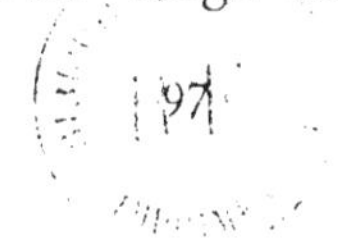

de lui-même en s'étendant. MM. Bernheim-
Jeune trouvaient donc le moment venu, pour
une seconde exposition en 1908. Cette fois ils
montraient cent tableaux, pris parmi ceux que
Théodore Van Gogh avait accumulés, alors
qu'employé à Paris par la maison Goupil, il
soutenait son frère. Les tableaux de cet ordre
avaient été gardés en Hollande par la veuve
de Théodore, qui en renvoyait maintenant une
partie à Paris. A l'époque où cette exposition
avait lieu chez MM. Bernheim, M. Druet, rue
du faubourg St-Honoré, en faisait une autre,
en puisant dans les collections françaises, puis
M. Druet s'étant transporté l'année suivante
rue Royale, y faisait encore une exposition
de tableaux de Van Gogh. Qu'il y eut, en
si peu de temps, trois expositions consacrées
à Van Gogh et très visitées, montre à quel
point son œuvre avait progressé dans l'estime
publique.

Les expositions à Paris, avec les comptes
rendus, les jugements, les louanges qu'elles
suscitaient dans la presse avaient porté le nom
de Van Gogh hors de France. Nul n'est pro-
phète en son pays. Il y a longtemps que cela

a été dit. Van Gogh était donc resté ignoré aux Pays-Bas. Le bruit fait en France y attirait sur lui l'attention. Des hommes savaient alors l'apprécier, qui bientôt se montraient jaloux de le placer au niveau des anciens maîtres hollandais. Mais une telle prétention causait un véritable soulèvement. On revoyait à cette occasion, en Hollande, la même résistance qu'on avait vue en France, au cours du XIXe siècle, chaque fois qu'un nouveau peintre original se produisant, il s'était agi de l'admettre, dans la filiation de l'art français, comme l'égal des maîtres précédemment acceptés.

Vouloir élever Van Gogh à la hauteur des maîtres du XVIIe siècle, la gloire de l'école hollandaise, paraissait à la plupart une monstruosité. Vaincre une opposition de cette sorte, en prétendant convertir par des arguments ceux qui la dirigent ou y participent, est chose irréalisable. Les changements de goût ne s'accomplissent que lentement. Faire accepter une forme d'art nouvelle en révision par les hommes qui, à sa venue, l'ont repoussée est impossible. Ce n'est qu'en gagnant d'abord quelques adhérents, qui eux-mêmes feront des prosélytes, que l'on peut se promettre de faire admettre graduellement des œuvres originales, qui auront heurté le goût banal de la génération qu'elles viennent surprendre. Puis la seconde génération, les trouvant établies sous ses yeux, saura tout naturellement les apprécier et les comprendre.

Cependant, après le premier bruit fait en Hollande, la veuve de Théodore maintenant remariée et devenue Mme Bonger, ayant conservé les œuvres de Vincent accumulées par son premier mari, jugea opportun d'en faire une exposition générale. Elle eut lieu au Stedelijk Museum à Amsterdam, en Juillet et Août 1905. L'art de Van Gogh était montré d'une façon complète. A la suite de cette exposition, les partisans devinrent plus nombreux, plus ardents et eurent à leur tête M. H. P. Bremmer, à la Haye. M. Bremmer s'est appliqué à faire connaître Van Gogh de toutes les manières. Il a popularisé son œuvre par une publication en livraisons illustrées, il a écrit un livre où il explique ses tableaux en détail, il a ouvert un cours d'esthétique, suivi par des auditeurs qu'il a conquis à ses idées et fait entrer dans les voies nouvelles.

Aujourd'hui, après les expositions de ses
œuvres, la publication de ses lettres par Mme
Van Gogh-Bonger, le travail, sous toutes les
formes, de ses partisans, il n'est personne en
Hollande qui puisse ignorer Van Gogh. Deux
partis existent toujours à son égard. L'un comprend les innovateurs, qui veulent le mettre au
niveau des maîtres du passé, l'autre les tradi-
tionnalistes, qui s'y refusent. Mais la résistance
faiblit. Le parti des innovateurs gagne du terrain et sa victoire est certaine.

C'est en Allemagne que Van Gogh a été le
mieux accepté. Il y a profité du travail accompli
en faveur de l'art impressionniste. Dans les tout
dernières années du XIXe siècle, M. de Tschudi,
mort depuis, s'était mis à faire à la National-
Galerie, à Berlin, dont il était directeur, une
importante collection d'œuvres de Manet, de
Degas et des impressionnistes Claude Monet,
Renoir, Cézanne, etc. A son exemple les direc-
teurs de plusieurs musées allemands et de nombreux collectionneurs recherchaient les œuvres
des Impressionnistes français. Quand Van Gogh
venait à être connu, il trouvait donc les voies
relativement ouvertes. On allait l'ajouter aux

Impressionnistes déjà admis, il prendrait place
à côté d'eux, comme appartenant à leur lignée.
Ce n'est pas que M. de Tschudi, à Berlin
d'abord à Munich ensuite, et M. Pauli au
Musée de Brême, (des premiers engagés en
faveur de Van Gogh), n'aient eu à combattre,
mais le combat n'a servi qu'à mieux mettre en
relief leur initiative.

En 1912 une exposition générale de l'œuvre
de Van Gogh, survenant après plusieurs expositions chez M. Paul Cassirer à Berlin, était
organisée à Cologne, par la Société des artistes
de l'ouest de l'Allemagne.

Van Gogh possédait depuis longtemps, en
Belgique, un défenseur zélé en la personne de
Verhaeren, lorsqu'au printemps de 1914, la
Société de l'Art contemporain, à Anvers, appe-
lait le public belge à voir une importante réu-
nion de ses œuvres.

La bataille qu'il a fallu livrer pour faire
accepter l'art de Van Gogh tire à sa fin. Elle
se terminera par une éclatante victoire, comme
toutes les batailles de même ordre, livrées en
faveur des peintres originaux du XIXᵉ siècle, qui
à leur venue ont déconcerté la routine et la

tradition. Van Gogh en France est entré, au Louvre, avec la collection Camondo et dans de nombreuses collections particulières. Il est entré dans la plupart des musées et des collections de la Hollande et de l'Allemagne. Il sera demain partout où il n'est pas aujourd'hui.

BIBLIOGRAPHIE

Vincent Van Gogh. *Persoonlijke Herinneringen*. Aangaande een Kunsttenaar door E. H. du Quesne-Van Gogh. Baarn. J. F. Van de Ven, 1910.

(Le même ouvrage traduit en allemand.) *Persönliche Erinnerungen* an Vincent Van Gogh von E. H. du Quesne-Van Gogh. (Dritte Auflage). R. Piper & C°. München, 1913.

(Le même ouvrage traduit en anglais.) *Personal recollections* of Vincent Van Gogh, by Elisabeth du Quesne-Van Gogh, translated by Katherine S. Dreier. London, Constable & C°, 1913.

Julius Meier Graefe. Vincent Van Gogh. R. Piper & C°. München, 1912.

Vincent Van Gogh. *Inleidende Beschouwingen* door H. P. Bremmer. Amsterdam. W. Versluys, 1911.

Vincent Van Gogh Briefe. Erste Auflage, 1906. Sechste Auflage, 1913. Bruno Cassirer, Berlin.

Lettres de Vincent Van Gogh à Emile Bernard, publiées par Ambroise Vollard. Paris, 1911.

Vincent Van Gogh. *Brieven aan zijn Broeder* uitgegeven en toegelicht door zijn schoonzuster J. Van Gogh-Bonger. Mij voor goede en goedkoope lectuur overtoom 230 te Amsterdam, 1914.

(Le même ouvrage traduit en allemand.) Vincent Van Gogh. *Briefe an seinen Bruder,* zusammengestellt von seiner Schwägerin J. Van Gogh-Bonger. Ins Deutsche über-tragen von Leo Klein-Diepold. Verlegt bei Paul Cassirer in Berlin, 1914.

G. Albert Aurier. Œuvres posthumes. Paris. Édition du Mercure de France, 1893.

TABLE DES ILLUSTRATIONS

TABLE DES MATIÈRES

ACHEVÉ D'IMPRIMER
LE 30 SEPTEMBRE 1916
PAR LA
MODERNE IMPRIMERIE
37, RUE GANDON, PARIS

LE VANNIER (Hollande)

BOUQUET DE FLEURS

POMMES DE TERRE

LES MANGEURS DE POMMES DE TERRE

COLLECTION DE Mme VAN GOGH-BONGER.

LE MOULIN DE LA GALETTE (Montmartre)

RESTAURANT A MONTMARTRE

LEGS GOUJON, MUSÉE DU LUXEMBOURG.

PHOTO DRUET.

LE CHEMIN DE L'USINE

SOULIERS

FLEURS

HARENGS ET PIPES

LE PERE TANGUY

JARDIN EN FLEURS (Arles)

ENTREE DE FERME

LE RHONE

COLLECTION BERNHEIM-JEUNE.

PHOTO DRUET.

LE FACTEUR ROULIN

LES ALYSCAMPS (Arles)

LA MAISON DE LA CRAU

LES ALYSCAMPS (Arles)

LE ZOUAVE MILLIET

LE CYPRES

RUINES DU THEATRE ROMAIN (Arles)

L'ARLESIENNE (Mme GINOUX)

LE LABOUREUR

LES ALPINES (Saint-Rémy)

VIEUX PAYSAN PROVENÇAL

L'ESCALIER D'AUVERS

LE BOSQUET

LE JARDIN DE DAUBIGNY (Auvers)

BRIOCHE ET FLEUR

LE Dr GACHET

9 782329 566054